心一堂術數古籍珍本叢刊

書名：樓宇寶鑑
系列：心一堂術數古籍珍本叢刊　堪輿類　第二輯　159
作者：吳師青
主編、責任編輯：陳劍聰
心一堂術數古籍珍本叢刊編校小組：陳劍聰　素聞　鄒偉才　虛白盧主

出版：心一堂有限公司
通訊地址：香港九龍旺角彌敦道六一〇號荷李活商業中心十八樓〇五—〇六室
深港讀者服務中心·中國深圳市羅湖區立新路六號羅湖商業大廈負一層〇〇八室
電話號碼：(852)67150840
網址：publish.sunyata.cc
電郵：sunyatabook@gmail.com
網店：http://book.sunyata.cc
淘寶店地址：https://shop210782774.taobao.com
微店地址：https://weidian.com/s/1212826297
臉書：https://www.facebook.com/sunyatabook
讀者論壇：http://bbs.sunyata.cc/

版次：二零一九年三月初版
平裝

定價：港幣　一百二十八元正
　　　新台幣　四百九十八元正

國際書號：ISBN 978-988-8582-47-1

香港發行：香港聯合書刊物流有限公司
地址：香港新界大埔汀麗路36號中華商務印刷大廈3樓
電話號碼：(852)2150-2100
傳真號碼：(852)2407-3062
電郵：info@suplogistics.com.hk

台灣發行：秀威資訊科技股份有限公司
地址：台灣台北市內湖區瑞光路七十六巷六十五號一樓
電話號碼：+886-2-2796-3638
傳真號碼：+886-2-2796-1377
網絡書店：www.bodbooks.com.tw
台灣秀威書店讀者服務中心：
地址：台灣台北市中山區松江路二〇九號一樓
電話號碼：+886-2-2518-0207
傳真號碼：+886-2-2518-0778
網絡書店：http://www.govbooks.com.tw

中國大陸發行　零售：深圳心一堂文化傳播有限公司
深圳地址：深圳市羅湖區立新路六號羅湖商業大廈負一層〇〇八室
電話號碼：(86)0755-82224934

心一堂微店二維碼

心一堂淘寶店二維碼

心一堂術數古籍 珍本 整理 叢刊 總序

術數定義

術數，大概可謂以「推算（推演）、預測人（個人、群體、國家等）、事、物、自然現象、時間、空間方位等規律及氣數，並或通過種種『方術』，從而達致趨吉避凶或某種特定目的」之知識體系和方法。

術數類別

我國術數的內容類別，歷代不盡相同，例如《漢書・藝文志》中載，漢代術數有六類：天文、曆譜、五行、蓍龜、雜占、形法。至清代《四庫全書》，術數類則有：數學、占候、相宅相墓、占卜、命書、相書、陰陽五行、雜技術等，其他如《後漢書・方術部》、《藝文類聚・方術部》、《太平御覽・方術部》等，對於術數的分類，皆有差異。古代多把天文、曆譜、及部分數學均歸入術數類，而民間流行亦視傳統醫學作為術數的一環；此外，有些術數與宗教中的方術亦往往難以分開。現代民間則常將各種術數歸納為五大類別：命、卜、相、醫、山，通稱「五術」。

本叢刊在《四庫全書》的分類基礎上，將術數分為九大類別：占筮、星命、相術、堪輿、選擇、三式、讖諱、理數（陰陽五行）、雜術（其他）。而未收天文、曆譜、算術、宗教方術、醫學。

術數思想與發展——從術到學，乃至合道

我國術數是由上古的占星、卜筮、形法等術發展下來的。其中卜筮之術，是歷經夏商周三代而通過「龜卜、蓍筮」得出卜（筮）辭的一種預測（吉凶成敗）術，之後歸納並結集成書，此即現傳之《易

經》。經過春秋戰國至秦漢之際，受到當時諸子百家的影響、儒家的推祟，遂有《易傳》等的出現，原本是卜筮術書的《易經》，被提升及解讀成有包涵「天地之道（理）」之學。因此，《易・繫辭傳》曰：「易與天地準，故能彌綸天地之道。」

漢代以後，易學中的陰陽學說，與五行、九宮、干支、氣運、災變、律曆、卦氣、讖緯、天人感應說等相結合，形成易學中象數系統。而其他原與《易經》本來沒有關係的術數，如占星、形法、選擇，亦漸漸以易理（象數學說）為依歸。《四庫全書・易類小序》云：「術數之興，多在秦漢以後。要其旨，不出乎陰陽五行，生尅制化。實皆《易》之支派，傅以雜說耳。」至此，術數可謂已由「術」發展成「學」。

及至宋代，術數理論與理學中的河圖洛書、太極圖、邵雍先天之學及皇極經世等學說給合，通過術數以演繹理學中「天地中有一太極，萬物中各有一太極」（《朱子語類》）的思想。術數理論不單已發展至十分成熟，而且也從其學理中衍生一些新的方法或理論，如《梅花易數》、《河洛理數》等。

在傳統上，術數功能往往不止於僅僅作為趨吉避凶的方術，及「能彌綸天地之道」的學問，亦有其「修心養性」的功能，「與道合一」（修道）的內涵。《素問・上古天真論》：「上古之人，其知道者，法於陰陽，和於術數。」數之意義，不單是外在的算數、歷數、氣數，而是與理學中同等的「道」、「理」--心性的功能，北宋理氣家邵雍對此多有發揮：「聖人之心，是亦數也」、「萬化萬事生乎心」、「心為太極」。《觀物外篇》：「先天之學，心法也。……蓋天地萬物之理，盡在其中矣，心一而不分，則能應萬物。」反過來說，宋代的術數理論，受到當時理學、佛道及宋易影響，認為心性本質上是等同天地之太極。天地萬物氣數規律，能通過內觀自心而有所感知，即是內心也已具備有術數的推演及預測、感知能力；相傳是邵雍所創之《梅花易數》，便是在這樣的背景下誕生。

《易・文言傳》已有「積善之家，必有餘慶；積不善之家，必有餘殃」之說，至漢代流行的災變說及讖緯說，我國數千年來都認為天災，異常天象（自然現象），皆與一國或一地的施政者失德有關；下至家族、個人之盛衰，也都與一族一人之德行修養有關。因此，我國術數中除了吉凶盛衰理數之外，人心的德行修養，也是趨吉避凶的一個關鍵因素。

術數與宗教、修道

在這種思想之下，我國術數不單只是附屬於巫術或宗教行為的方術，又往往是一種宗教的修煉手段--通過術數，以知陰陽，乃至合陰陽（道）。「其知道者，法於陰陽，和於術數。」例如，「奇門遁甲」術中，即分為「術奇門」與「法奇門」兩大類。「法奇門」中有大量道教中符籙、手印、存想、內煉的內容，是道教內丹外法的一種重要外法修煉體系。甚至在雷法一系的修煉上，亦大量應用了術數內容。此外，相術、堪輿術中也有修煉望氣（氣的形狀、顏色）的方法；堪輿家除了選擇陰陽宅之吉凶外，也有道教中選擇適合修道環境（法、財、侶、地中的地）的方法，以至通過堪輿術觀察天地山川陰陽之氣，亦成為領悟陰陽金丹大道的一途。

易學體系以外的術數與的少數民族的術數

我國術數中，也有不用或不全用易理作為其理論依據的，如揚雄的《太玄》、司馬光的《潛虛》。也有一些占卜法、雜術不屬於《易經》系統，不過對後世影響較少而已。

外來宗教及少數民族中也有不少雖受漢文化影響（如陰陽、五行、二十八宿等學說。）但仍自成系統的術數，如古代的西夏、突厥、吐魯番等占卜及星占術，藏族中有多種藏傳佛教占卜術、苯教占卜術、擇吉術、推命術、相術等；北方少數民族有薩滿教占卜術；不少少數民族如水族、白族、布朗族、佤族、彝族、苗族等，皆有占雞（卦）草卜、雞蛋卜等術，納西族的占星術、占卜術，彝族畢摩的推命術、占卜術……等等，都是屬於《易經》體系以外的術數。相對上，外國傳入的術數以及其理論，對我國術數影響更大。

曆法、推步術與外來術數的影響

我國的術數與曆法的關係非常緊密。早期的術數中，很多是利用星宿或星宿組合的位置（如某星在某州或某宮某度）付予某種吉凶意義，并據之以推演，例如歲星（木星）、月將（某月太陽所躔之宮次）等。不過，由於不同的古代曆法推步的誤差及歲差的問題，若干年後，其術數所用之星辰的位置，已與真實星辰的位置不一樣了；此如歲星（木星），早期的曆法及術數以十二年為一周期（以應地支），與木星真實周期十一點八六年，每幾十年便錯一宮。後來術家又設一「太歲」的假想星體來解決，是歲星運行的相反，週期亦剛好是十二年。而術數中的神煞，很多即是根據太歲的位置而定。又如六壬術中的「月將」，原是立春節氣後太陽躔娵訾之次而稱作「登明亥將」，至宋代，因歲差的關係，要到雨水節氣後太陽才躔娵訾之次，當時沈括提出了修正，但明清時六壬術中「月將」仍然沿用宋代沈括修正的起法沒有再修正。

由於以真實星象周期的推步術是非常繁複，而且古代星象推步術本身亦有不少誤差，大多數術數除依曆書保留了太陽（節氣）、太陰（月相）的簡單宮次計算外，漸漸形成根據干支、日月等的各自起例，以起出其他具有不同含義的眾多假想星象及神煞系統。唐宋以後，我國絕大部分術數都主要沿用這一系統，也出現了不少完全脫離真實星象的術數，如《子平術》、《紫微斗數》、《鐵版神數》等。後來就連一些利用真實星辰位置的術數，如《七政四餘術》及選擇法中的《天星選擇》，也已與假想星象及神煞混合而使用了。

隨着古代外國曆（推步）、術數的傳入，如唐代傳入的印度曆法及術數，元代傳入的回回曆等，其中我國占星術便吸收了印度占星術中羅睺星、計都星等而形成四餘星，又通過阿拉伯占星術而吸收了其中來自希臘、巴比倫占星術的黃道十二宮、四大（四元素）學說（地、水、火、風），並與我國傳統的二十八宿、五行說、神煞系統並存而形成《七政四餘術》。此外，一些術數中的北斗星名，不用我國傳統的星名：天樞、天璇、天璣、天權、玉衡、開陽、搖光，而是使用來自印度梵文所譯的：貪狼、巨門、祿存、文曲，廉貞、武曲、破軍等，此明顯是受到唐代從印度傳入的曆法及占星術所影響。如星命術中的《紫微斗數》及堪輿術中的《撼龍經》等文獻中，其星皆用印度譯名。及至清初《時憲曆》，置閏之法則改用西法「定氣」。清代以後的術數，又作過不少的調整。

此外，我國相術中的面相術、手相術，唐宋之際受印度相術影響頗大，至民國初年，又通過翻譯歐西、日本的相術書籍而大量吸收歐西相術的內容，形成了現代我國坊間流行的新式相術。

陰陽學——術數在古代、官方管理及外國的影響

術數在古代社會中一直扮演着一個非常重要的角色，影響層面不單只是某一階層、某一職業、某一年齡的人，而是上自帝王，下至普通百姓，從出生到死亡，不論是生活上的小事如洗髮、出行等，大事如建房、入伙、出兵等，從個人、家族以至國家，從天文、氣象、地理到人事、軍事，從民俗、學術到宗教，都離不開術數的應用。我國最晚在唐代開始，已把以上術數之學，稱作陰陽（學），行術數者稱陰陽人。（敦煌文書、斯四三二七唐《師師漫語話》：「以下說陰陽人謾語話」，此說法後來傳入日本，今日本人稱行術數者為「陰陽師」）。一直到了清末，欽天監中負責陰陽術數的官員中，以及民間術數之士，仍名陰陽生。

古代政府的中欽天監（司天監），除了負責天文、曆法、輿地之外，亦精通其他如星占、選擇、堪輿等術數，除在皇室人員及朝庭中應用外，也定期頒行日書、修定術數，使民間對於天文、日曆用事吉凶及使用其他術數時，有所依從。

我國古代政府對官方及民間陰陽學及陰陽官員，從其內容、人員的選拔、培訓、認證、考核、律法監管等，都有制度。至明清兩代，其制度更為完善、嚴格。

宋代官學之中，課程中已有陰陽學及其考試的內容。（宋徽宗崇寧三年〔一一零四年〕崇寧算學令：「諸學生習……並曆算、三式、天文書。」「諸試……三式即射覆及預占三日陰陽風雨。天文即預

定一月或一季分野災祥，並以依經備草合問為通。」

金代司天臺，從民間「草澤人」（即民間習術數人士）考試選拔：「其試之制，以《宣明曆》試推步，及《婚書》、《地理新書》試合婚、安葬，並《易》筮法，六壬課、三命、五星之術。」（《金史》卷五十一．志第三十二．選舉一）

元代為進一步加強官方陰陽學對民間的影響、管理、控制及培育，除沿襲宋代、金代在司天監掌管陰陽學及中央的官學陰陽學課程之外，更在地方上增設陰陽學課程（《元史．選舉志一》：「世祖至元二十八年夏六月始置諸路陰陽學。」）地方上也設陰陽學教授員，培育及管轄地方陰陽人。（《元史．選舉志一》：「（元仁宗）延祐初，令陰陽人依儒醫例，於路、府、州設教授員，凡陰陽人皆管轄之，而上屬於太史焉。」）自此，民間的陰陽術士（陰陽人），被納入官方的管轄之下。

至明清兩代，陰陽學制度更為完善。中央欽天監掌管陰陽學，明代地方縣設陰陽學正術，各州設陰陽學典術，各縣設陰陽學訓術。陰陽人從地方陰陽學肄業或被選拔出來後，再送到欽天監考試。（《大明會典》卷二二三：「凡天下府州縣舉到陰陽人堪任正術等官者，俱從吏部送（欽天監），考中，送回選用；不中者發回原籍為民，原保官吏治罪。」）清代大致沿用明制，凡陰陽術數之流，悉歸中央欽天監及地方陰陽官員管理、培訓、認證。至今尚有「紹興府陰陽印」、「東光縣陰陽學記」等明代銅印，及某某縣某某之清代陰陽執照等傳世。

清代欽天監漏刻科對官員要求甚為嚴格。《大清會典》「國子監」規定：「凡算學之教，設肄業生。滿洲十有二人，蒙古、漢軍各六人，於各旗官學內考取。漢十有二人，於舉人、貢監生童內考取。附學生二十四人，由欽天監選送。教以天文演算法諸書，五年學業有成，舉人引見以欽天監博士用，貢監生童以天文生補用。」學生在官學肄業、貢監生肄業或考得舉人後，經過了五年對天文、算法、陰陽學的學習，其中精通陰陽術數者，會送往漏刻科。而在欽天監供職的官員，《大清會典則例》「欽天監」規定：「本監官生三年考核一次，術業精通者，保題升用。不及者，停其升轉，再加學習。如能黽勉供職，即予開復。仍不及者，降職一等，再令學習三年，能習熟者，准予開復，仍不能者，黜退。」除定期考核以定其升用降職外，《大清律例》中對陰陽術士不準確的推斷（妄言禍福）是要治罪的。《大清律例．一七八．術七．妄言禍福》：「凡陰陽術士，不許於大小文武官員之家妄言禍福，違者杖一百。其依經推算星命卜課，不在禁限。」大小文武官員延請的陰陽術士，自然是以欽天監漏刻科官員或地方陰陽官員為主。

官方陰陽學制度也影響鄰國如朝鮮、日本、越南等地，一直到了民國時期，鄰國仍然沿用着我國的多種術數。而我國的漢族術數，在古代甚至影響遍及西夏、突厥、吐蕃、阿拉伯、印度、東南亞諸國。

術數研究

術數在我國古代社會雖然影響深遠，「是傳統中國理念中的一門科學，從傳統的陰陽、五行、九宮、八卦、河圖、洛書等觀念作大自然的研究。……傳統中國的天文學、數學、煉丹術等，要到上世紀中葉始受世界學者肯定。可是，術數還未受到應得的注意。術數在傳統中國科技史、思想史，文化史、社會史，甚至軍事史都有一定的影響。……更進一步了解術數，我們將更能了解中國歷史的全貌。」（何丙郁《術數、天文與醫學中國科技史的新視野》，香港城市大學中國文化中心。）

可是術數至今一直不受正統學界所重視，加上術家藏秘自珍，又揚言天機不可洩漏，「（術數）乃吾國科學與哲學融貫而成一種學說，數千年來傳衍嬗變，或隱或現，全賴一二有心人為之繼續維繫，賴以不絕，其中確有學術上研究之價值，非徒癡人說夢，荒誕不經之謂也。其所以至今不能在科學中成立一種地位者，實有數因。蓋古代士大夫階級目醫卜星相為九流之學，多恥道之；而發明諸大師又故為惝恍迷離之辭，以待後人探索；間有一二賢者有所發明，亦秘莫如深，既恐洩天地之秘，復恐譏為旁門左道，始終不肯公開研究，成立一有系統說明之書籍，貽之後世。故居今日而欲研究此種學術，實一極困難之事。」（民國徐樂吾《子平真詮評註》，方重審序）

現存的術數古籍，除極少數是唐、宋、元的版本外，絕大多數是明、清兩代的版本。其內容也主要是明、清兩代流行的術數，唐宋或以前的術數及其書籍，大部分均已失傳，只能從史料記載、出土文獻、敦煌遺書中稍窺一鱗半爪。

術數版本

坊間術數古籍版本，大多是晚清書坊之翻刻本及民國書賈之重排本，其中豕亥魚魯，或任意增刪，往往文意全非，以至不能卒讀。現今不論是術數愛好者，還是民俗、史學、社會、文化、版本等學術研究者，要想得一常見術數書籍的善本、原版，已經非常困難，更遑論如稿本、鈔本、孤本等珍稀版本。在文獻不足及缺乏善本的情況下，要想對術數的源流、理法、及其影響，作全面深入的研究，幾不可能。

有見及此，本叢刊編校小組經多年努力及多方協助，在海內外搜羅了二十世紀六十年代以前漢文為主的術數類善本、珍本、鈔本、孤本、稿本、批校本等數百種，精選出其中最佳版本，分別輯入兩個系列：

一、心一堂術數古籍珍本叢刊

二、心一堂術數古籍整理叢刊

前者以最新數碼（數位）技術清理、修復珍本原本的版面，更正明顯的錯訛，部分善本更以原色彩色精印，務求更勝原本。并以每百多種珍本、一百二十冊為一輯，分輯出版，以饗讀者。

後者延請、稿約有關專家、學者，以善本、珍本等作底本，參以其他版本，古籍進行審定、校勘、注釋，務求打造一最善版本，方便現代人閱讀、理解、研究等之用。

限於編校小組的水平，版本選擇及考證、文字修正、提要內容等方面，恐有疏漏及舛誤之處，懇請方家不吝指正。

心一堂術數古籍 珍本 整理 叢刊編校小組

二零零九年七月序

二零一四年九月第三次修訂

樓宇寶鑑

吳師青著

日景羅經

其特點係不受任何磁或鐵之影響 及根據太陽投影度數 而確定天體子午方位 [illegible]羅針[illegible]差

The Sun Compass has the outstanding feature of being free from the influence of magnet or iron; because it determines the bearings of the celestial bodies by means of the position of the shadow cast by the sun on the chart. It corrects the deviations in the readings of the ordinary compasses caused by the interference of magnet or iron, and shows the accurate position.

古天文學家

吳師青先生製

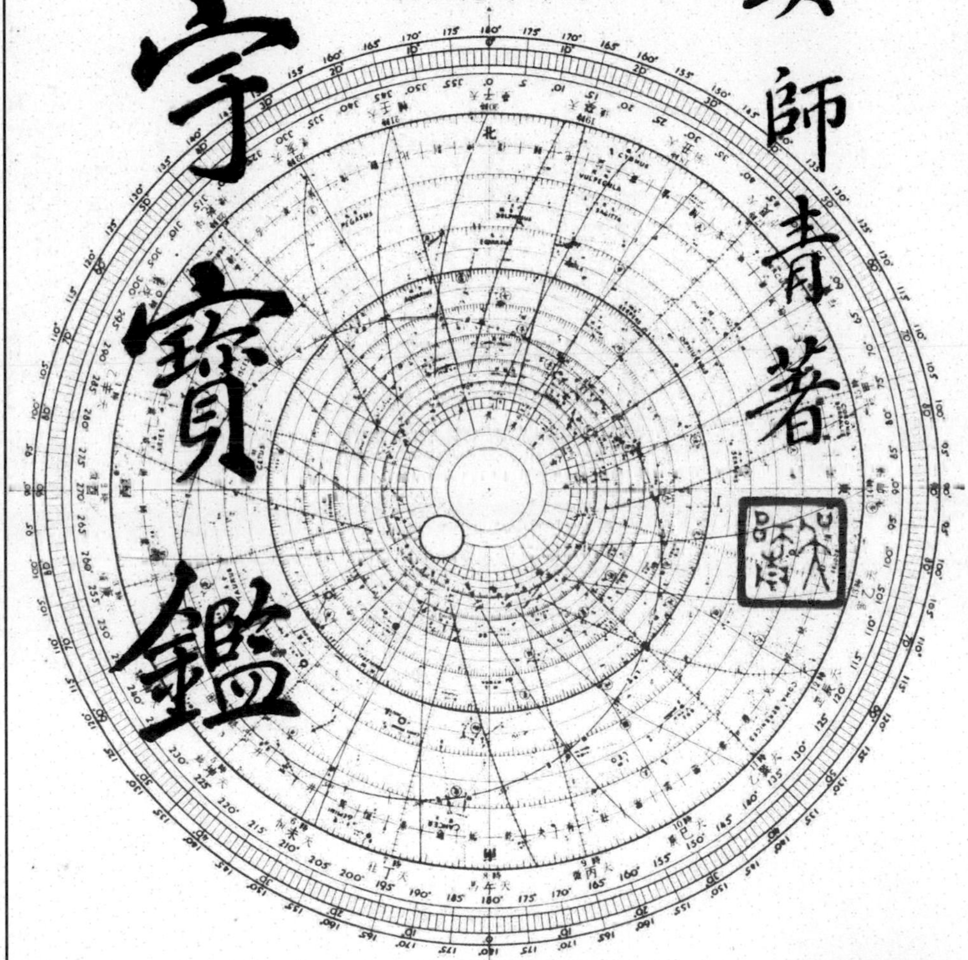

香港中天貿易公司監造
香港郵政總局信箱一六〇一二號
公元一九七〇年春月出版

樓宇寶鑑

吳師青著

目錄

第二章　鑰法

樓宇寶鑑

吳師青著

序

我國文明、肇於皇古、盛於三代、秦漢以來、相承不絕。凡天文地理陰陽律曆術數、載於周官周髀、春秋左傳、不韋呂覽、淮南鴻烈、史記漢書志、隋經籍志者、瑰奇偉麗、燦若雲霞。宋儒有言、一物不知儒者恥。余雖不能探其繁賾、識其奧妙、而心竊慕焉。吳師青先生、績學士也。家藏典籍、富埒鄴侯。而寢饋於天象星辰、沈酣於地學形理、數十年而不倦。故其造詣之深、經驗之廣、誠足爲吾人所欽佩而信仰者也。先後所著、有地學鐵骨秘、天體曆、地學撼龍經精義、其貢獻於今日者、爲何如哉。

邇者出示所著樓宇寶鑑、觀其第一章新製圖式、不用羅經、自能相宅。前賢著作雖多、得未曾有、可謂融會貫通、獨樹一幟者矣。第二章論法、趨吉避凶、歸納元運、最適合現代新式樓宇、可東可西之坐向、依法建𡾊、開門、收水、則福應有準矣。是爲序。

公元一九六三年冬月　　翁國裕識

樓宇寶鑑再版序

我友吳師青先生、自弱冠始、潛心於天地之位者數十年、遍搜古籍、博覽羣書、乃能獨窺前人之奧秘、而備一家之眞言、汲古瀹今、又自出機杼、著爲七政四餘星圖析義、天體曆彙編、撼龍經眞義等書、發隱抉微、獨成絕學、余初來港、卽于潮汕人士處、備聞其精審贍博、而苦未識荆、嗣于潮州縣誌中、得讀先生所著地學鐵骨秘、更切心儀、二十年前、終以唐天如孝廉之介、而獲訂交、自此過從日密、教益時親、値茲離亂擾攘之

秋、余又未能免于憂時傷國之意、先生常憑天位、以指
陳物徵、每聞一言、爲之恍然有悟、是盖先生學養有自
、實非迂腐如余者、所得窺其堂奥也。
先生著書立說、志在傳薪、非爲炫世、故凡求論宅
者、輒報以一笑、而對利羣益世之舉、則出其餘緒、悉
力以赴、民國四十九年、旅港潮州商會、于九龍和合石
、及沙嶺、興闢潮州墳塲、以謀鄉先賢窀穸之安、其間
度其流泉、乘其生氣、則以公意敦請先生、規畫其事、
先生振袂而起、絡以繩墨之精微、得定完善之方位、並
爲先生立名崇功、俾名垂於不朽、又十年、泰國籌建林

氏大宗祠、悉循宗國古制、禮甚隆而事甚盛、耳先生名、遠道來迓、先生不辭跋涉之勞、遠游千里、爲其盡心闢畫、終又樂觀厥成、又爲先生樹碑記其事、蓋純出崇德之意也。

香港地狹人稠、觸處大興土木、爲民棲止、先生因著樓宇寶鑑一書、使受業之主、知迷津而得所趨避、茲値樓宇寶鑑初版售罄、索者紛至、先生不欲自秘、爰於再版書中、附註白紫賦、公諸于世、俾讀者手此一編、洞窺天位、益助人謀、是先生之苦心爲不虛矣、辱承索序、因書此以歸之、聊示欽佩之意焉。

吳師青謹

陳孝威序於賞三光樓

中華民國五十九年四月一日

自序

粵稽古史、黃帝有明堂之制。阮元曰：明堂者、古者天子宮室之初名。漢緯學家又謂明堂之制、始於黃帝之九宮經。戴九履一、左三右七、二四爲肩、六八爲足。以陰陽五行、星辰卦位、爲明堂九宮之室。後世術家之言九宮者皆從之。黃帝宅經、雖據後人所纂述、實爲宅經之鼻祖。蓋洪荒創造、萬類咸蘇。人不能無居、朝斯夕斯、爲養生靈不可須臾離者也。降及有周、公劉遷豳以開基、周公營洛邑以朝諸侯。土圭測景、玉尺量方、於是建都立邑、其法備焉。子夏曰：人因宅而立、宅因人而存。人宅相扶、感通天地。此又言人與宅關係之密切、不可不講也。

余數十年來。舉凡天文地理、經史子集、無不精搜博引、且承家學淵源、得玉函之隱秘、接口授之眞傳。所著地學鐵骨秘、天體曆彙編、及撼龍經眞義、中國七政四餘星圖析義、先後發刋、心血旣拋、玄機亦洩、可以奪造化之權、而盡歸掌握中矣。每於經商餘暇、親友諮詢、輒多奇驗。今因年事漸增、未能一一酬酢。故將平生經驗所得、盱衡今古、復有樓宇寶鑑之作、全書分爲四章、第一章新製圖式代羅經、第二章鑰法、第三章評論。第四章簡選、除第一章新製各式外、其餘三章、均綴以韻言、亦詩亦訣、自出心裁、不拾前人餘唾、其有義蘊未宣、並爲註釋、自抒已見、不假他人、以免意旨分歧、成一家之言。至於圖式、則爲師青數十年不憚精思之創製、並附用法、庶幾人人一目了然、自知趨吉避凶之道、値茲初版售罄、再版伊始、故增廿四星吉凶論、及附註紫白賦辨正、以期內容充實、集思廣益、倍宏居安無疆之福、樂何如之。

公元一九七〇年夏月再版　　吳師青謹識

古天文學家　吳師青先生著

天體曆彙編

香港中天貿易公司發行
香港郵政總局信箱一六〇一三號

樓宇寶鑑

吳師青著

第一章　圖式代羅經

(甲)指南針代羅經與二十四山之分析

壬山　三百三十七度半至三百五十二度半

子山　三百五十二度半至七度半

癸山　七度半至二十二度半

丑山　二十二度半至三十七度半

艮山　三十七度半至五十二度半

寅山　五十二度半至六十七度半

甲山　六十七度半至八十二度半

卯山　八十二度半至九十七度半

乙山　九十七度半至一百一十二度半

辰山　一百一十二度半至一百二十七度半

巽山　一百二十七度半至一百四十二度半

巳山　一百四十二度半至一百五十七度半

丙山　一百五十七度半至一百七十二度半

午山　一百七十二度半至一百八十七度半

丁山　一百八十七度半至二百零二度半

未山　二百零二度半至二百一十七度半

坤山　二百一十七度半至二百三十二度半
申山　二百三十二度半至二百四十七度半
庚山　二百四十七度半至二百六十二度半
酉山　二百六十二度半至二百七十七度半
辛山　二百七十七度半至二百九十二度半
戌山　二百九十二度半至三百零七度半
乾山　三百零七度半至三百二十二度半
亥山　三百二十二度半至三百三十七度半

二十四山針度歌

周天度數三百六、以針定向往而復。
二十四山何處分、撮爲歌訣供君讀。
壬山三三七半尋、三五二半定方針。
子山三五二半始、數至七度半而止。
癸山初從七半計、二二度半成定位。
丑山二二半爲首、三七度半不可走。
艮山三七半爲順、數至五二半勿進。
寅山五二半初伸、六七半止最爲眞。
甲山六七半初洽、八二半止有成法。

卯山八二半眞巧、數至九七半留爪。
乙山九七半爲質、一一二半爲終吉。
辰山一一二半眞、一二七半妙入神。
巽山一二七半算、更向一四二半斷。
巳山一四二半美、數至一六七半耳。
丙山一六七半靚、一七二半爲止境。
午山一七二半取、一八七半合此數。
丁山一八七半評、直至二零二半成。
未山二零二半貴、二一七半此之謂。
坤山二一七半論、二三二半更須存。

申山二三二半珍、二四七半總相親。
庚山二四七半成、二六二半數始盈。
酉山二六二半後、二七七半更須有。
辛山二七七半純、二九二半更停勻。
戌山二九二半出、數至三零七半畢。
乾山三零七半先、三二二半數始全。
亥山三二二半採、更有三三七半在。

出卦八凶針度歌

出卦凶龍八綫尋、翻天倒地最顛狂、將圖繪出南針度、韻語裁成好共吟。

丑兼癸、癸兼丑。南針凶綫居然有。一九半兮二五半、若逢此度須縮手。

未兼丁、丁兼未。南針凶綫無可諱。相看一九九度半、二零五半最可畏。

戌兼辛、辛兼戌。南針凶綫從中出。二八九半直數去、二九五半確不吉。

辰兼乙、乙兼辰。南針凶綫不利人。一零九半須留意、一一五半當記眞。
壬兼亥、亥兼壬。南針凶綫未銷沉。度數三三四半
起、三四零半禍相侵。
甲兼寅、寅兼甲。南針凶綫双双夾。六四半兮要記
清、七零半度皆當刼。
丙兼巳、巳兼丙。南針凶綫多作梗。一五四半起數
先、一六零半宜三省。
庚兼申、申兼庚。南針凶綫此中横。自從二四四半
起、二五零半總憂驚。

經羅代式圖

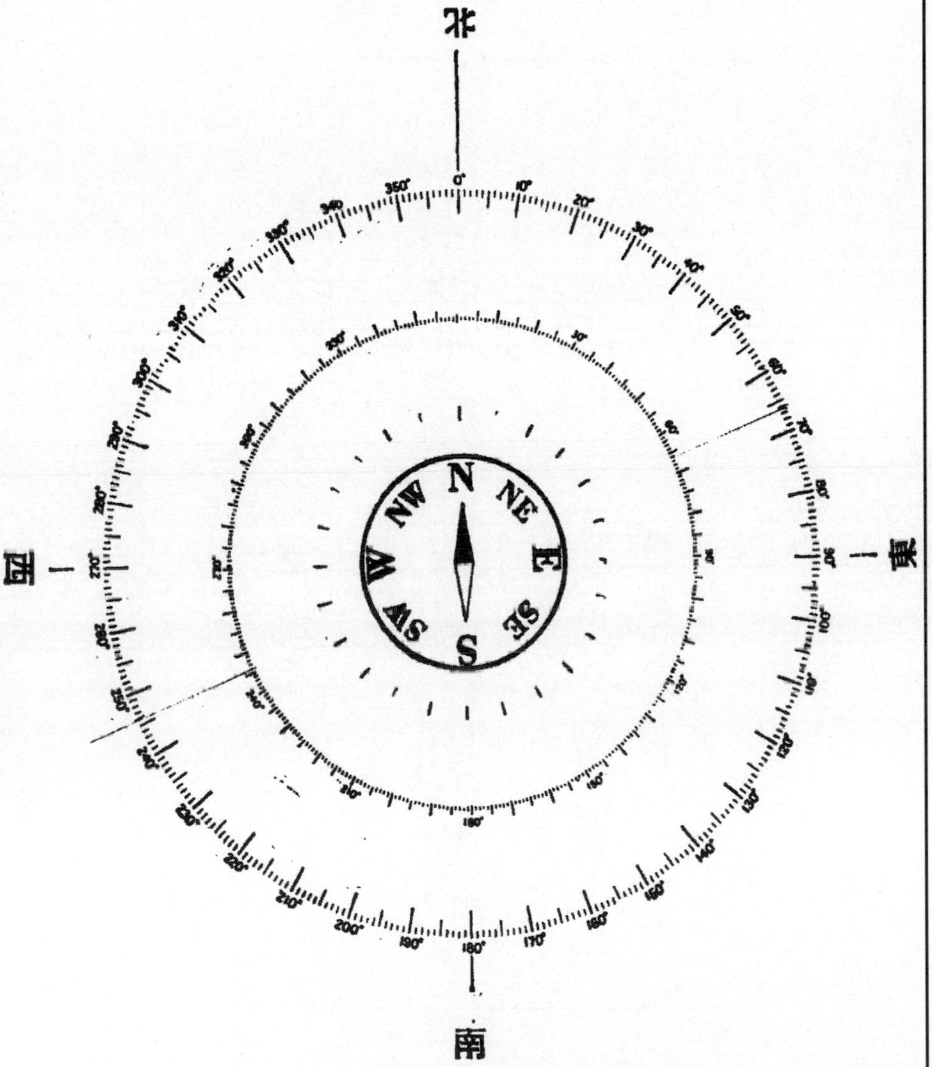

吳師青著

南北定向針

古天文學家　吳師青先生著

中國七政四餘星圖析義

香港中天貿易公司出版
香港郵政總局信箱一六〇一三號

二十四樓宇坐向吉凶星之主應

按吉凶星廿四山、原見於諏吉便覽、惟著者不署姓名、何人不詳。是書所指之吉凶星、或為根據其經驗之累積、而假為星象、以示東西八宅各方之所主、俾能易於省憶、故不必求其所以然。以此論宅、沿用甚久、以本人經歷而言、屢見奇效、亦可為相宅之一助。茲值初版售罄、再版伊始、故將廿四山吉凶所主、校錄如次。

吉星十二方位

輔翌：卽輔翼之義、主獲有力之支持、使本位臻於鞏固、進可以攻、退亦能守、居仁由義、動定咸宜。

進賢：主由正途出身、以所學應用於一生事業、從政經商、均能信孚名重。財丁兩旺、福壽並臻。

司祿：主以文武之兼資、掌鈞衡之重任、不惟一家一姓之榮、亦繫全國全民之望、聲名顯赫、傳於久遠。

開陽：三陽開泰、萬象光華、旦氣周流、康彊逢吉、家道如日之升、兒孫競秀、光大門閭。

天璇：位屬天乙、常獲上貴提携、而有祿美譽彰之佳。遇事聰穎、調治如意、一切謀望、名利雙收。

從官：主在各類考試中、可能以第一人入選、否則亦多列前茅、習文能顯謨猷、習武能彰偉烈。

天錢：天賦多才、殷富可期、不啻錢同天降、對於工商各業、無不攸宜。即是偏鋒、投機射利、亦能億則屢中。

天樞：主其人天授聰明、早著神童之譽、權操鈞軸、蔚爲宰輔之材。盖樞者、樞紐之謂也。

天節：主氣度雍容、操守嚴正、遇事明於義利之辨、一門敦厚、鄉黨稱賢、福貽子孫。

文昌：主能讚研學術、融合中西、達到高深造詣。他如書畫、金石、樂理、戲劇、雕塑、及與文藝有關之藝術、亦能取得一定成就。

天孫：主添丁進口、旺子益孫．人多好辦事、家和萬事興、處境安順、快樂逾恆。

天田：主於農墾、畜牧、園藝、均可獲利、舉凡經營食品之製造、與向外運銷、其源皆由於田土之憑藉而來也。

右十二位吉、宜高宜大、宜開門、宜牀位、宜灶向等事。

凶星十二方位

搖光：象徵浮光掠影、一瞥卽逝。其命主絕、卽感好轉、亦如曇花一現、爲時極暫、財帛聚散無常。

尸氣：尸居餘氣之謂也、主不能善終、或橫死路斃、或受金鎗利器之創傷、而致死亡、比比皆是、難期正寢、不勝浩歎。

天烽：主火災、刑傷極重、既刑男、亦尅女、如非遁於僧尼、必致爲鰥爲寡、否則貧窮、無所依靠。

天機：有機械之器者、亦有機動之務者、有機動之務、必有機動之心、機心不常、機鋒可畏、主有禍患。

天賊：佛家語、六賊能刼一切諸善法、故雖愼防、盜窃難避。出門則隨時可遇剽掠、倘不被陷害、亦必傷財。

卷舌：舌而能卷、禍從口出、爲厲之階、將因私室唇齒之爭、釀爲公庭對簿之累、故主凶訟、糾紛、終身纏擾不甯。

權曜：坐於六煞之地、委瑣齷齪、門庭卑下、主放蕩淫佚、不齒於鄰里。

咸池：一家之中、男女淫蕩、肆無忌憚、玷辱門楣、敗壞風俗、必招喪禍凶災、又主損折小口、或夫妻反目、根基不穩。

敗傷：定主破敗、或因經營虧負、或因水火災厄、或因受累耗財、或因纏訟破產。又主多生女、竟乏嗣續、或兒女不孝。

玉衡、司於五鬼、愼防同祿之災、以免焚如之兆。對於婦人、則主小產墮胎之厄、養而難育、承繼爲佳。

司怪：主妖邪姦宄。暗室欺心、作事妄爲、不守法紀、難逃天網、結局身名俱裂、或攖邪症惡病以終。

貫索：一家之內、慘毒寡恩、毀滅祥和、醖爲戾氣主有牢獄之災、甚至積惡已多、難逃爲法處決。

右十二方、忌高、忌開門、忌牀位、忌灶向等事。

古天文學家　吳師青先生著

地學鐵骨秘

香港中天貿易公司出版
香港郵政總局信箱一六〇一三號

定向圖

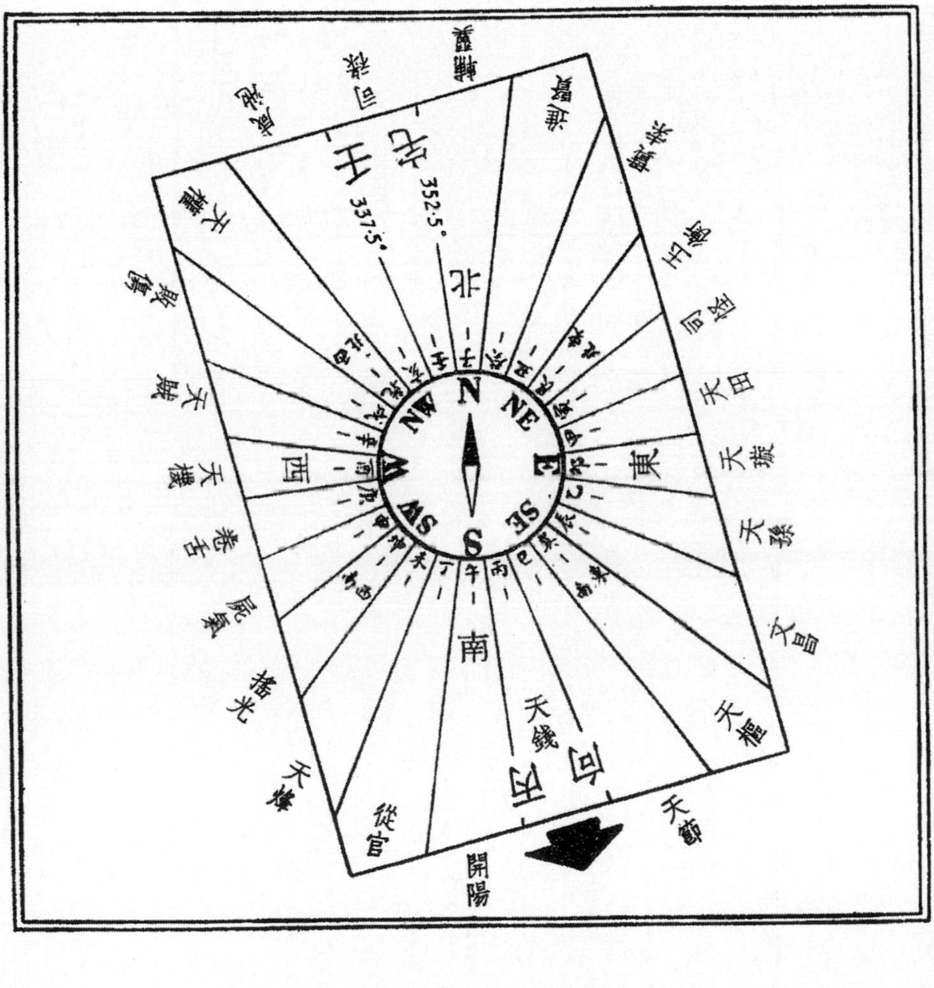
北
南
東
西
N
NE
E
SE
S
SW
W
NW
337.5°
352.5°
天錢
從官
開陽
天節
天樞
文昌
天孫
天璣
天田
天機
天賊
天廚
屍氣
耆舌
福光

第一幅

吉星十二方位

輔翌：即輔翼之義、主獲有力之支持、使本位臻於鞏固、進可以攻、退亦能守、居仁由義、動定宜咸。

進賢：主由正途出身、以所學應用於一生事業、從政經商、均能信孚名重、財丁兩旺、福壽並臻。

司祿：主以文武之兼資、掌鈞衡之重任、不惟一家一姓之榮、亦繫全國全民之望、聲名顯赫、傳於久遠。

開陽：三陽開泰、萬象光華、且氣周流、康疆逢吉、主家道如日之升、兒孫競秀、光大門閭。

天璇：位鄰天乙、常獲上貫提攜、而有綠美譽彰之佳、遇事聰穎、調治如意、一切謀望、名利雙收。

從官：主在各類考試中、可能以第一人入選、否則亦多列前茅、習文能顯謨猷、習武能彰倏烈。

天錢：天賦多才、股富可期、不啻錢同天降、對於工商各業、無不攸宜。即是偏鋒、投機射利、亦能億則屢中。

天樞：主其人天授聰明、早著神童之譽、權操鈞軸、蔚爲宰輔之材。蓋樞者、樞紐之謂也。

天節：主氣度雍容、操守嚴正、遇事明於義利之辨。一門敦厚、鄉黨稱賢、福貽孫子。

文昌：主能鑽研學術、融合中西、達到高深造詣。他如書畫、金石、樂理、戲劇、雕塑、及與文藝有關之藝術、亦能取得一定成就。

天孫：主添丁進口、旺子益孫、人多好辦事、家和萬事興、處境安順、快樂逾恒。

天田：主於農墾、牧畜、園藝、均可獲利、舉凡經營食品之製造、與向外運銷、其源皆由於田土之憑藉而來也。

右十二吉位、宜高宜大、宜開門、宜牀位、宜灶向等事。

凶星十二方位

搖光：象徵浮光掠影、一瞥即逝。其命主絕、即感好轉、亦如曇花一現、爲時極暫、財帛聚散無常。

尸氣：尸居餘氣之謂也、主不能善終、或橫死路盤、或受金鎗利器之剮傷、而致死亡、比比皆是、雖期正寢、不勝浩歎。

天烽：主火災、刑傷極重、既刑男、亦尅女、如非遁於僧尼、必致爲鰥爲寡、否則貧窮、無所依靠。

天機：有機械之器者、亦有機動之務者、有機動之務、必有機動之心、機心不常、機鋒可畏、主有禍患。

天賊：佛家語、六賊能刼一切諸善法、故雖愼防、盜竊難避、出門則隨時可遇剽掠、倘不被陷害、亦必傷財。

卷舌：舌而能卷、禍從口出、爲厲之階、將因私室唇齒之爭、釀爲公庭對簿之果、故主凶訟、糾紛、終身纏擾不寧。

權嚁：坐於六煞之地、委瑣齷齪、門庭卑下、主放蕩淫佚、不齒於鄉黨。

咸池：一家之中、男女淫蕩、肆無忌憚、玷辱門楣、敗壞風俗、必招喪禍凶災、又主損折小口、或夫妻反目、根基不穩。

敗傷：定主破財、或因經營虧負、或因水火災厄、或因受累耗財、或因纏訟破產。又主多生女、竟乏嗣續、或兒女不孝。

玉衡：司於五鬼、愼防回祿之災、以免焚如之兆。對於婦人、則主小產墮胎之厄、養而難育、承繼爲佳。

司怪：主妖邪姦宄。暗室欺心、作事妄爲、不守法紀、難逃天網、結局身名俱裂、或攖邪症惡病以終。

貫索：一家之內、修毒纂恩、毀滅祥和、釀爲戾氣、主有牢獄之災、甚至積惡已多、難逃爲法處決。

右十二方、忌高、忌開門、忌牀位、忌灶向等事。

定向圖

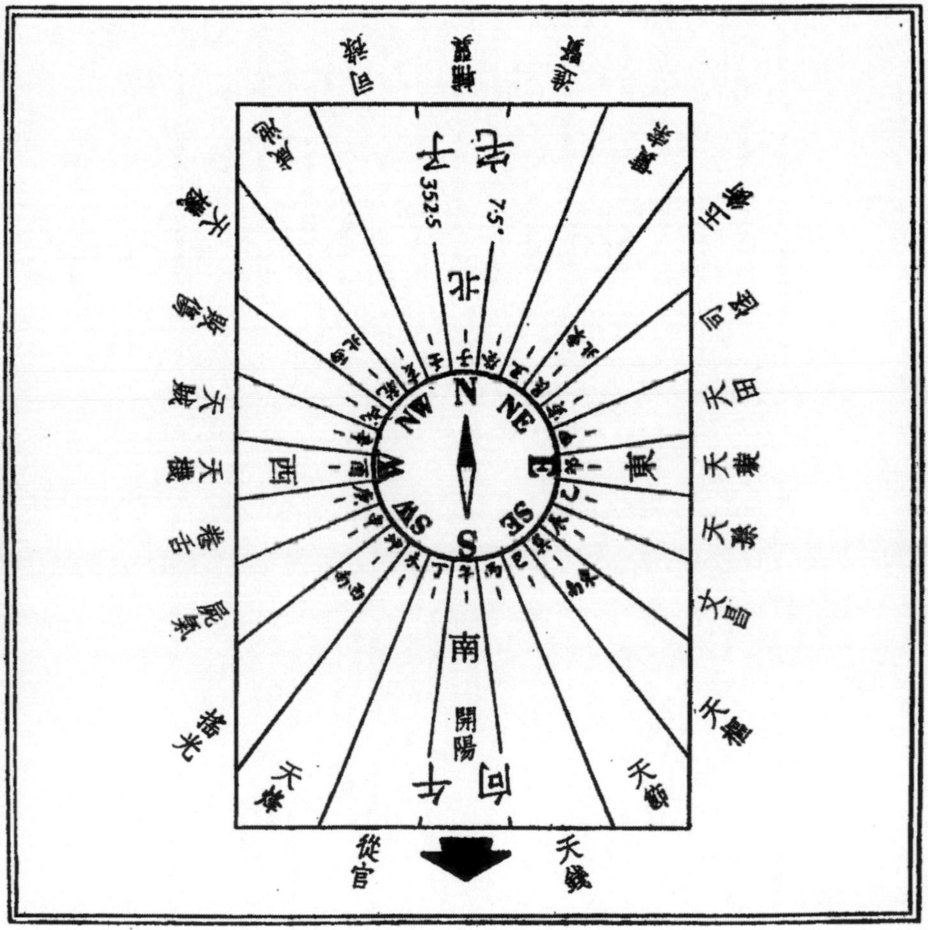

第二幅

吉星十二方位

輔翌：即輔翼之義、主獲有力之支持、使本位臻於鞏固、進可以攻、退亦能守、居仁由義、動定宜威。

進賢：主由正途出身、以所學應用於一生事業、從政經商、均能信孚名重、財丁兩旺、福壽並臻。

司祿：主以文武之雋貴、掌鈞衡之重任、不惟一家一姓之榮、亦實全國全民之望、聲名顯赫、傳於久遠。

開陽：三陽開泰、萬象光華、且氣周流、康健逸吉、主家道如日之升、兒孫競秀、光大門閭。

天璇：位屬天乙、常獲上貴提攜、而有綠美彰之佳、遇事聰穎、調治如意、一切謀望、名利雙收。

從官：主在各類考試中、可能以第一人入選、否則亦多列前茅、習文能顯謨猷、習武能彰偉烈。

天錢：天賦多才、殷富可期、不啻錢同天降、對於工商各業、無不攸宜。即是偏祿、投機射利、亦能億則屢中。

天福：主其人天授聰明、早著神童之譽、權操鈞軸、蔚爲宰輔之材、蓋福衛、福祉之謂也。

天節：主氣度雍容、操守嚴正、遇事明於義利之辨。一門敦厚、鄉黨稱賢、福貽孫子。

文曲：主能鑽研學術、融合中西、逸到高深造詣。他如書畫、金石、樂理、戲劇、雕鏤、及與文藝有關之藝術、亦能取得一定成就。

天孫：主添丁進口、旺子益孫、人多好辦事、家和萬事興、處境安順、快樂逾恆。

天田：主於農藝、牧畜、園藝、均可獲利、舉凡經營食品之製造、與向外運銷、其源皆由於田土之懸藉而來也。

右十二吉位、宜高宜大、宜開門、宜牀位、宜灶向等事。

凶星十二方位

搖光：象徵浮光掠影、一瞥即逝。其命主絕、即感好轉、亦如曇花一現、爲時極暫、財帛聚散無常。

尸氣：尸居餘氣之謂也、主不能善終、或橫死路旁、或受金鐵利器之刑傷、而致死亡、比比皆是、雖期正寢、不勝浩歎。

天烽：主火災、刑傷極重、既刑男、亦尅女、如非通於僧尼、必致爲鰥爲寡、否則貧窮、無所依靠。

天機：有機械之器者、亦有機動之務者、有機動之務、必有機動之心、機心不常、機鋒可畏、主有禍患。

天賊：佛家語、六賊能刼一切諸善法、故應慎防、盜竊難避、出門則隨時可遇剽掠、倘不被陷害、亦必傷財。

卷舌：舌而能卷、禍從口出、爲厲之階、將因私室唇齒之爭、釀爲公庭對簿之果、故主凶訟、糾紛、終身纏擾不寧。

權曜：坐於六煞之地、委瑣齷齪、門庭卑下、主放蕩淫佚、不齒於鄉黨。

咸池：一家之中、男女淫蕩、肆無忌憚、玷辱門楣、敗壞風俗、必招惹禍凶災、又主損折小口、或夫妻反目、根基不穩。

敗傷：定主破財、或因經營虧負、或因水火災厄、或因受累耗財、或因纏訟破產。又主多生女、竟乏嗣續、或兒女不孝。

玉衡：司於五鬼、慎防回祿之災、以免焚如之兆。對於婦人、則主小產墮胎之厄、娩而難育、承繼爲佳。

司怪：主妖邪姦宄。暗室欺心、作奸妄爲、不守法紀、難逃天網、結局身名俱裂、或罹邪症惡病以終。

貫索：一家之內、慘遭寡恩、毀滅祥和、醞爲戾氣、主有牢獄之災、甚至積惡已多、難逃爲法處決。

右十二方、忌高、忌開門、忌牀位、忌灶向等事。

定向圖

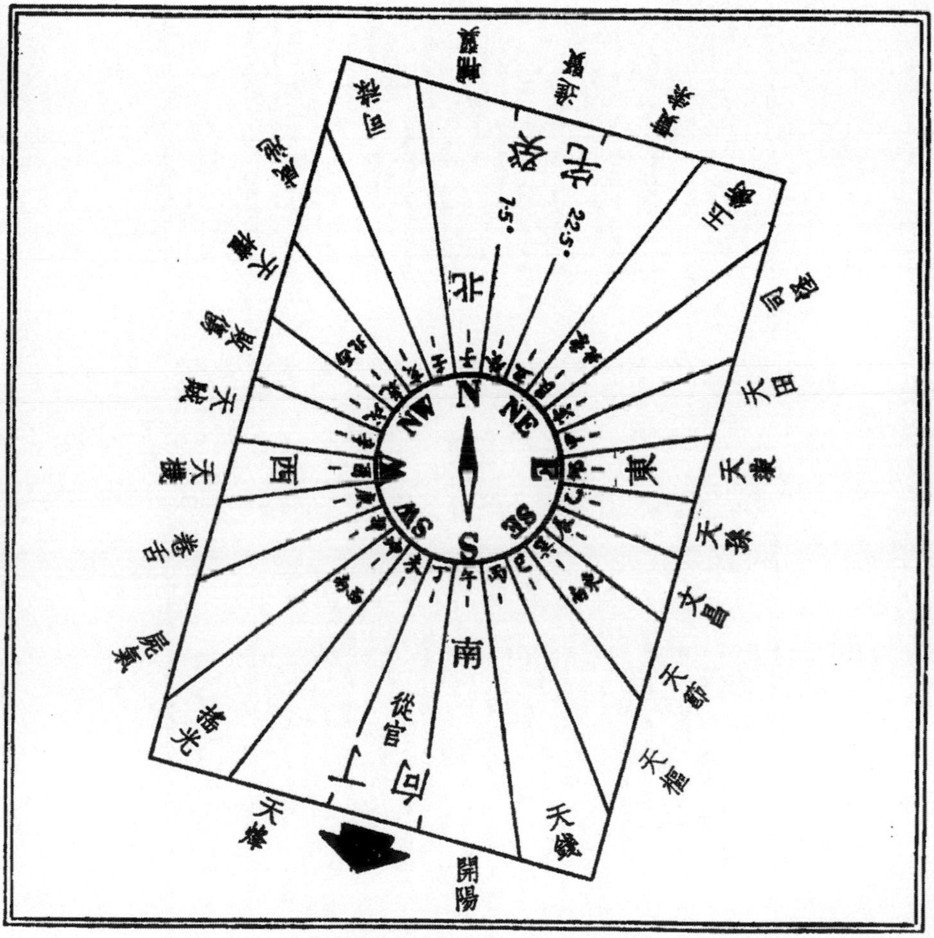
北
東
南
西
N
S
E
W
NE
NW
SE
SW
22.5°
7.5°
開陽

第三幅

吉星十二方位

輔翌：即輔翼之義、主獲有力之支持、使本位鞏於鞏固、進可以攻、退亦能守、居仁由義、動定宜威。

進寶：主由正途出身、以所學應用於一生事業、從政經商、均能信乎名重、財丁兩旺、福壽並臻。

司祿：主以文武之兼資、掌鈞衡之重任、不惟一家一姓之榮、亦繫全國全民之望、聲名顯赫、傳於久遠。

開陽：三陽開泰、萬象光華、且氣周流、康疆逢吉、主家道如日之升、兒孫競秀、光大門閭。

天璇：位屬天乙、常獲上貴提攜、而有祿美譽彰之佳、遇事聰顯、調治如意、一切謀望、名利雙收。

從官：主在各類考試中、可能以第一人入選、否則亦多列前茅、習文能顯謨猷、習武能彰偉烈。

天錢：天賦多才、股富可期、不啻錢同天降、對於工商各業、無不攸宜。即是偏鋒、投機射利、亦能億則屢中。

天樞：主其人天授聰明、早著神童之譽、權操鈞軸、蔚爲宰輔之材。蓋樞者、樞紐之謂也。

天節：主氣度雍容、操守嚴正、遇事明於義利之辨。一門教厚、鄉黨稱賢、福貽孫子。

文昌：主能鑽研學術、融合中西、達到高深造詣。他如書畫、金石、樂理、戲劇、雕塑、及與文藝有關之藝術、亦能取得一定成就。

天孫：主添丁進口、旺子益孫、人多好辦事、家和萬事興、處境安順、快樂逾恒。

天田：主於農耕、牧畜、園藝、均可獲利、舉凡經營食品之製造、與向外運銷、其源皆由於田土之蕴藏而來也。

右十二吉位、宜高宜大、宜開門、宜牀位、宜灶向等事。

凶星十二方位

搖光：象徵浮光掠影、一瞥即逝。其命主絕、即感好轉、亦如曇花一現、爲時極暫、財帛聚散無常。

尸氣：尸居餘氣之謂也、主不能善終、或橫死路軌、或受金鎗利器之創傷、而致死亡、比比皆是、雖期正寢、不勝浩歎。

天烽：主火災、刑傷極重、既刑男、亦剋女、如非遜於僧尼、必致爲鰥爲寡、否則貧窮、無所依靠。

天機：有機械之器者、亦有機動之務者、有機動之務、必有機動之心、機心不常、機鋒可畏、主有禍患。

天賊：佛家語、六賊能刼一切諸善法、故雖愼防、盜竊難避、出門則隨時可遇剽掠、倘不被陷害、亦必傷財。

卷舌：舌而能卷、禍從口出、爲厲之階、將因私室居齒之爭、釀爲公庭對簿之累、故主因訟、糾紛、終身擾擾不寧。

權暱：坐於六煞之地、委瑣齷齪、門庭卑下、主放蕩淫佚、不齒於鄰里。

咸池：一家之中、男女淫蕩、肆無忌憚、玷辱門楣、敗壞風俗、必招喪禍凶災、又主損折小口、或夫妻反目、根基不穩。

敗傷：定主破財、或因經營虧負、或因水火災厄、或因妥聚耗財、或因纏訟破產。又主多生女、竟乏嗣續、或兒女不孝。

玉衡：司於五鬼、恨防回祿之災、以免焚如之兆。對於婦人、則主小產墮胎之厄、養而難育、承繼爲佳。

司怪：主妖邪姦宄、暗室欺心、作事妄爲、不守法紀、難逃天網、結局身名俱裂、或攖邪症惡病以終。

貫索：一家之內、慘毒寃恩、毀滅祥和、釀爲戾氣、主有牢獄之災、甚至積惡已多、難逃爲法處決。

右十二方、忌高、忌開門、忌牀位、忌灶向等事。

定向圖

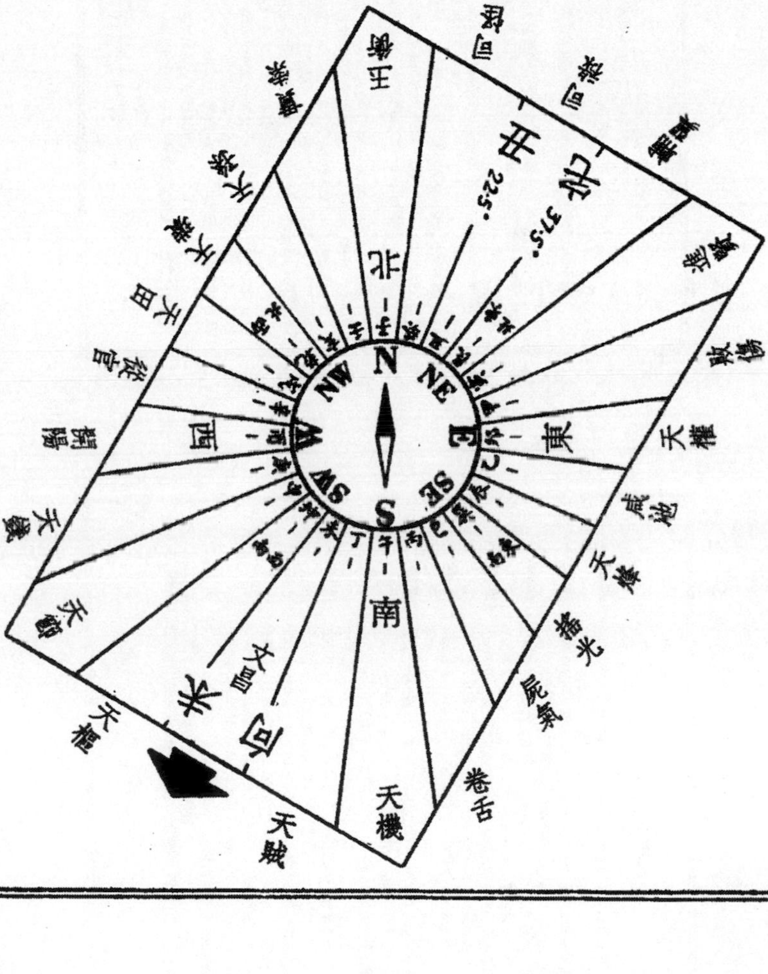

第四幅

吉星十二方位

輔弼：即輔翼之義、主獲有力之支持、使本位臻於鞏固、進可以攻、退亦能守、居仁由義、動定宜威。

進賢：主由正途出身、以所學應用於一生事業、從政經商、均能倚乎名重、財丁兩旺、福壽並臻。

司祿：主以文武之兼資、掌鈞衡之重任、不惟一家一姓之榮、亦繫全國全民之望、聲名顯赫、傳於久遠。

開陽：三陽開泰、萬象光華、且氣周流、康疆逢吉、主家道如日之升、兒孫競秀、光大門閭。

天璇：位屬天乙、常獲上貴提攜、而有錦美發彰之佳、選事聰穎、調治如意、一切謀望、名利雙收。

從官：主在各類考試中、可能以第一人入選、否則亦多列前茅、習文能顯謨猷、習武能彰偉烈。

天錢：天賦多才、殷富可期、不啻錢同天降、對於工商各業、無不攸宜。即是偏鋒、投機射利、亦能億則屢中。

天樞：主其人天授聰明、早著神童之譽、權操鈞軸、爵為宰輔之材。蓋樞者、樞紐之謂也。

天節：主氣度雍容、操守嚴正、選事明於義利之辨。一門敦厚、鄉黨稱賢、福貽孫子。

文昌：主能鑽研學術、融合中西、達到高深造詣。他如醫畫、金石、樂理、戲劇、雕塑、及與文藝有關之藝術、亦能取得一定成就。

天孫：主添丁進口、旺子益孫、人多好辦事、家和萬事興、處境安順、快樂逾恒。

天田：主於農墾、牧畜、園藝、均可獲利、舉凡經營食品之製造、與向外運銷、其源皆由於田土之恩藪而來也。

右十二吉位、宜高宜大、宜開門、宜牀位、宜灶向等事。

凶星十二方位

搖光：像微浮光掠影、一瞥即逝。其命主顯、即感舒暢、亦如曇花一現、為時極暫、財帛聚散無常。

尸氣：尸居餘氣之謂也、主不能善終、或橫死路衢、或受金鐵利器之創傷、而致死亡、比比皆是、難期正寢、不勝浩歎。

天烽：主火災、刑傷極重、既刑男、亦尅女、如非遁於僧尼、必致為鰥為寡、否則貧窮、無所依靠。

天機：有機械之器者、亦有機動之務者、有機動之務、必有機動之心、機心不常、機鋒可畏、主有禍患。

天賊：佛家語、六賊能劫一切諸善法、故雖慎防、盜竊難避、出門則隨時可遇剽掠、倘不被陷害、亦必傷財。

卷舌：舌而能卷、禍從口出、為厲之階、將因私室唇齒之爭、釀為公庭對簿之案、故主因訟、糾紛、終身纏擾不寧。

權曜：坐於六煞之地、委瑣齷齪、門庭卑下、主放蕩淫佚、不齒於鄉里。

咸池：一家之中、男女淫蕩、肆無忌憚、玷辱門楣、敗壞風俗、必將喪禍凶災、又主損折小口、或夫妻反目、根基不穩。

敗傷：定主破財、或因經營虧負、或因水火災厄、或因受累耗財、或因纏訟破產。又主多生女、竟乏嗣續、或兒女不孝。

玉衡：司於五鬼、慎防回祿之災、以免焚如之兆。對於婦人、則主小產墮胎之厄、養而難育、承繼為佳。

司怪：主妖邪姦宄。暗室欺心、作事妄為、不守法紀、難逃天網、結局身名俱裂、或擾邪症惡病以終。

貫索：一家之內、慘毒猜忌、毀滅祥和、醞為戾氣、主有牢獄之災、甚至積惡已多、難逃為法處決。

右十二方、忌高、忌開門、忌牀位、忌灶向等事。

定向圖

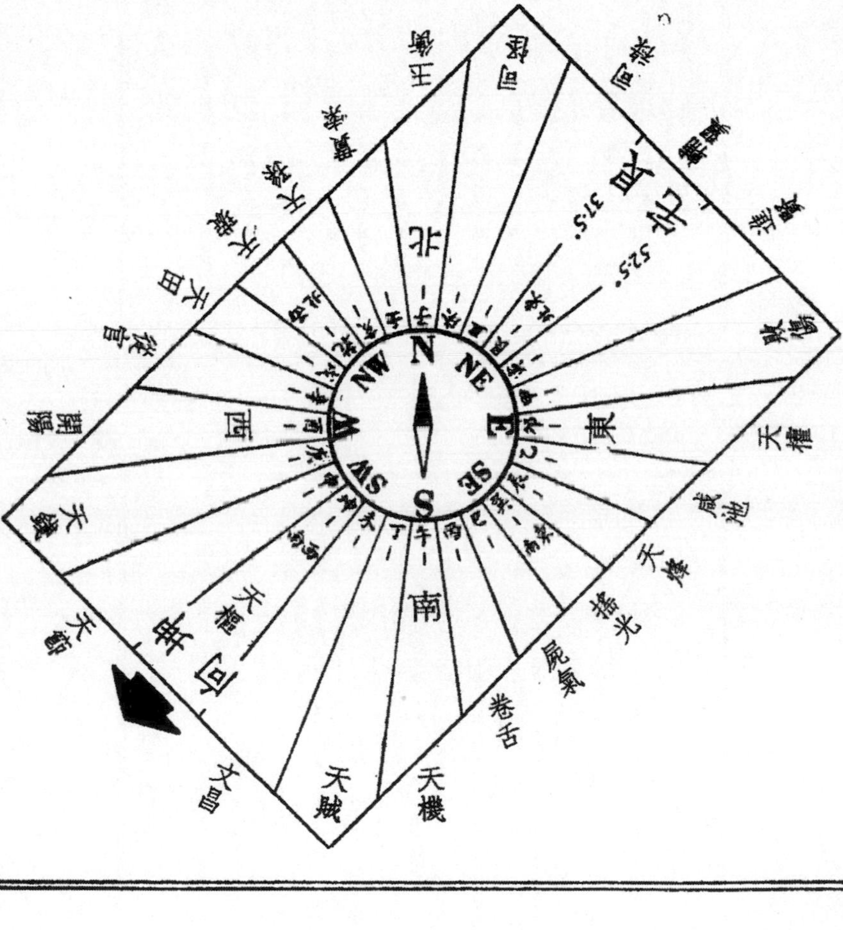

第五幅

吉星十二方位

輔翌：卽輔翼之義、主獲有力之支持、使本位臻於鞏固、進可以攻、退亦能守、居仁由義、動定咸宜。

進賢：主由正途出身、以所學應用於一生事業、從政經商、均能信孚名重、財丁兩旺、福壽並臻。

司祿：主以文武之兼資、掌鈞衡之重任、不惟一家一姓之榮、亦繫全國全民之望、聲名顯赫、傳於久遠。

開陽：三陽開泰、萬象光華、且氣周流、康彊逢吉、主家道如日之升、兒孫競秀、光大門閭。

天璇：位屬天乙、常獲上貴提攜、而有務美譽彰之佳、遇事聰穎、調治如意、一切謀望、名利雙收。

從官：主在各類考試中、可能以第一人入選、否則亦多列前茅、習文能順謨猷、習武能彰偉烈。

天錢：天賦多才、殷富可期、不啻錢同天降、對於工商各業、無不攸宜。卽是偏錢、投機射利、亦能億則屢中。

天樞：主其人天授聰明、早著神童之譽、權操鈞軸、蔚爲宰輔之材、蓋樞者、樞紐之謂也。

天節：主氣度雍容、操守嚴正、遇事明於義利之辨。一門敦厚、鄉黨稱賢、福貽孫子。

文昌：主能鑽研學術、融合中西、達到高深造詣。他如書畫、金石、樂理、戲劇、雕塑、及與文藝有關之藝術、亦能取得一定成就。

天孫：主添丁進口、旺子益孫、人多好辦事、家和萬事興、處境安順、快樂逾恆。

天田：主於農墾、牧畜、園藝、均可獲利、舉凡經營食品之製造、與向外運銷、其源皆由於田土之庇蔭而來也。

右十二吉位、宜高宜大、宜開門、宜牀位、宜灶向等事。

凶星十二方位

搖光：象徵浮光掠影、一瞥卽逝。其命主絕、卽感好轉、亦如曇花一現、爲時極暫、財帛聚散無常。

尸氣：尸居餘氣之謂也、主不能善終、或橫死路斃、或受金鎗利器之創傷、而致死亡、比比皆是、雖期正寢、不勝浩歎。

天煞：主火災、刑傷極重、既刑男、亦尅女、如非遁於僧尼、必致爲鰥爲寡、否則貧窮、無所依靠。

天機：有機械之器者、亦有機動之務者、有機動之務、必有機動之心、機心不常、機鋒可畏、主有禍患。

天賊：佛家語、六賊能劫一切諸善法、故雖愼防、盜竊難避、出門則隨時可遇剽掠、倘不被陷害、亦必傷財。

卷舌：舌而能卷、禍從口出、爲厲之階、將因私室唇齒之爭、釀爲公庭對簿之累、故主凶訟、糾紛、終身纏擾不寧。

權曜：坐於六煞之地、委瑣齷齪、門庭卑下、主放蕩淫佚、不齒於鄉里。

咸池：一家之中、男女淫蕩、肆無忌憚、玷辱門楣、敗壞風俗、必招姦禍凶災、又主損折小口、或夫妻反目、根基不穩。

敗傷：定主破財、或因經營虧負、或因水火災厄、或因受累耗財、或因纏訟破產。又主多生女、竟乏嗣續、或兒女不孝。

玉衡：司於五鬼、愼防回祿之災、以免焚如之兆。對於婦人、則主小產墮胎之厄、養而難育、承繼爲佳。

司怪：主妖邪姦宄。暗室欺心、作事妄爲、不守法紀、難逃天網、結局身名俱裂、或攖邪症惡病以終。

貫索：一家之內、慘遭寡恩、毀滅祥和、醞爲戾氣、主有牢獄之災、甚至積惡已多、難逃爲法處決。

右十二方、忌高、忌開門、忌牀位、忌灶向等事。

定向圖

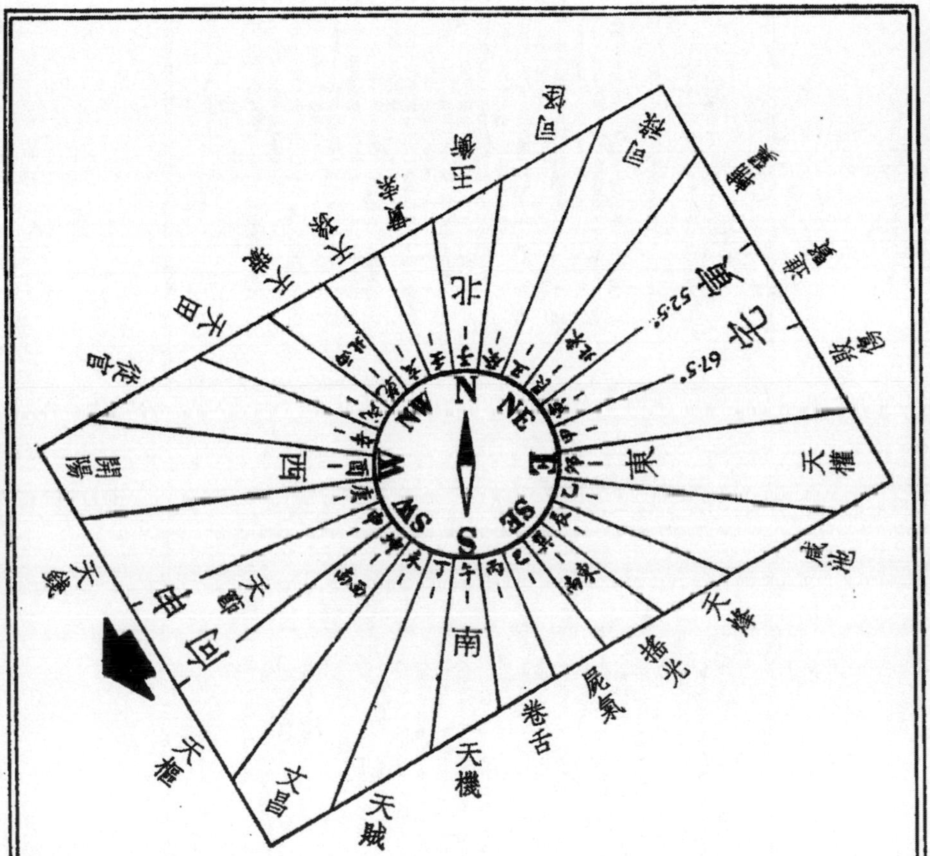

第六幅

吉星十二方位

輔翌：即輔翼之義、主獲有力之支持、使本位臻於鞏固、進可以攻、退亦能守、居仁由義、勳定宜成。

進賢：主由正途出身、以所學應用於一生事業、從政經商、均能儁乎名重、財丁兩旺、福壽並臻。

司祿：主以文武之集資、掌鈞衡之重任、不惟一家一姓之榮、亦繫全國全民之望、聲名顯赫、傳於久遠。

開陽：三陽開泰、萬象光華、且氣周流、康彊逢吉、主家道如日之升、兒孫競秀、光大門閭。

天璇：位屬天乙、常獲上貴提攜、而有祿美譽彰之佳、遇事聰穎、調冶如意、一切謀頭、名利雙收。

從官：主在各類考試中、可能以第一人入選、否則亦多列前茅、習文能顯讀猷、習武能彰俠烈。

天錢：天賦多才、殷富可期、不啻錢同天降、對於工商各業、無不攸宜。即是偏鋒、投機射利、亦能儻則屢中。

天福：主其人天授聰明、早著神童之譽、權操鈞軸、蔚爲宰輔之材。蓋福者、福祉之謂也。

天節：主氣度雍容、操守嚴正、遇事明於義利之辨。一門敦厚、鄉黨稱賢、福貽孫子。

文昌：主能鑽研學術、融合中西、達到高深造詣。他如書畫、金石、樂理、戲劇、雕塑、及與文藝有關之藝術、亦能取得一定成就。

天孫：主添丁進口、旺子益孫、人多好辦事、家和萬事興、處境安順、快樂逾恆。

天田：主於農墾、牧畜、園藝、均可獲利、舉凡經濟食品之製造、與向外運銷、其源皆由於田土之蘊蓄而來也。

右十二吉位、宜高宜大、宜開門、宜牀位、宜灶向等事。

凶星十二方位

搖光：象徵浮光掠影、一瞥即逝。其命主絕、即感好轉、亦如曇花一現、爲時極暫、財帛聚散無常。

尸氣：尸居餘氣之謂也、主不能善終、或橫死路旁、或受金鎗利器之劍傷、而致死亡、比比皆是、難期正寢、不勝浩歎。

天烽：主火災、刑傷極重、既刑男、亦尅女、如非遁於僧尼、必致爲鰥爲寡、否則貧窮、無所依靠。

天機：有機械之器者、亦有機動之務者、有機動之務、必有機動之心、機心不常、機鋒可畏、主有禍患。

天賊：佛家語、六賊能刼一切諸善法、故雖愼防、盜竊難避、出門則隨時可遇剽掠、倘不被陷害、亦必傷財。

卷舌：舌而能卷、禍從口出、爲厲之階、將因私室唇齒之爭、釀爲公庭對簿之果、故主凶訟、糾紛、終身纏擾不寧。

權曜：坐於六煞之地、委瑣齷齪、門庭卑下、主放蕩淫佚、不齒於鄉里。

咸池：一家之中、男女淫蕩、肆無忌憚、玷辱門楣、敗壞風俗、必招惹禍凶災、又主損折小口、或夫妻反目、根基不穩。

敗傷：定主破財、或因經營虧負、或因水火災厄、或因受累耗財、或因纏訟破產。又主多生女、竟乏嗣續、或兒女不孝。

玉衡：司於五鬼、愼防囘祿之災、以免焚如之兆。對於婦人、則主小產墮胎之厄、養而難育、承繼爲佳。

司怪：主妖邪姦宄。暗室欺心、作奉姦爲、不守法紀、難逃天網、結局身名俱裂、或擾邪症惡病以終。

貫索：一家之內、慘毒寡恩、毀滅祥和、醞爲戾氣、主有牢獄之災、甚至積惡已多、難逃爲法處决。

右十二方、忌高、忌開門、忌牀位、忌灶向等事。

定向圖

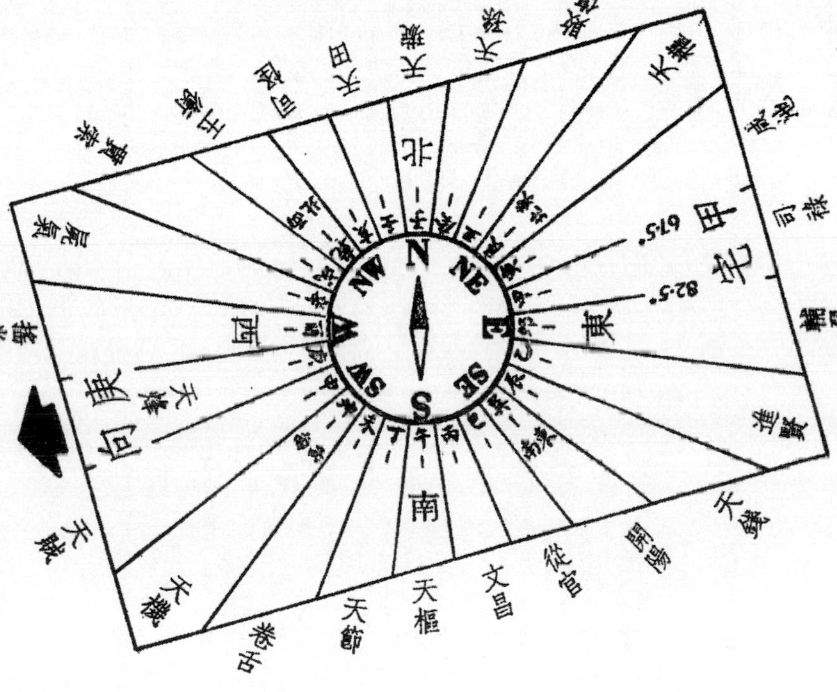

第七幅

吉星十二方位

輔翌：卽輔翼之義、主獲有力之支持、使本位臻於鞏固、進可以攻、退亦能守、居仁由義、勳定宜威。

進賢：主由正途出身、以所學應用於一生事業、從政經商、均能倍乎名重、財丁兩旺、福壽並臻。

司祿：主以文武之兼資、寄鈞衡之重任、不惟一家一姓之榮、亦繫全國全民之望、聲名顯赫、傳於久遠。

開陽：三陽開泰、萬象光華、且氣周流、康疆逢吉、主家道如日之升、兒孫競秀、光大門閭。

天璇：位屬天乙、常獲上貴提攜、而有錦美譽彰之佳、遇事聰穎、調冶如意、一切謀望、名利雙收。

從官：主在各類考試中、可能以第一人入選、否則亦多列前茅、習文能順鎮猷、習武能彪偉烈。

天錢：天賦多才、殷富可期、不啻錢同天降、對於工商各業、無不攸宜。卽是偏鋒、投機射利、亦能億則屢中。

天樞：主其人天授聰明、早著神童之譽、權操鈞軸、蔚爲宰輔之材。蓋樞者、樞紐之謂也。

天節：主氣度雍容、操守端正、遇事明於義利之辨。一門敦厚、鄉黨稱賢、福貽孫子。

文昌：主能鑽研學術、融合中西、達到高深造詣。他如書畫、金石、樂理、戲劇、雕塑、及與文藝有關之藝術、亦能取得一定成就。

天孫：主添丁進口、旺子益孫、人多好辦事、家和萬事興、處境安順、快樂逾恒。

天田：主於農藝、牧畜、園藝、均可獲利、舉凡經營食品之製造、與向外運銷、其源皆由於田土之孳衍而來也。

右十二吉位、宜高宜大、宜開門、宜牀位、宜灶向等事。

凶星十二方位

搖光：象徵浮光掠影、一瞥卽逝。其命主絕、卽感好轉、亦如曇花一現、爲時極暫、財帛聚散無常。

尸氣：尸居餘氣之謂也、主不能善終、或橫死路斃、或受金鐵利器之創傷、而致死亡、比比皆是、雖期正寢、不勝浩歎。

天煞：主火災、刑傷極重、旣刑男、亦剋女、如非遁於僧尼、必致爲鰥爲寡、否則貧窮、無所依靠。

天機：有機械之器者、亦有機動之務者、有機動之務、必有機動之心、機心不常、機鋒可畏、主有禍患。

天賊：佛家語、六賊能刼一切諸善法、故雖愼防、盜竊難避、出門則隨時可遇剽掠、倘不被陷害、亦必傷財。

卷舌：舌而能卷、禍從口出、爲厲之階、將因私室唇齒之爭、釀爲公庭對簿之果、故主凶訟、糾紛、終身纏擾不寧。

權曜：坐於六煞之地、委瑣齷齪、門庭卑下、主放蕩淫佚、不齒於鄉里。

咸池：一家之中、男女淫蕩、肆無忌憚、玷辱門楣、敗壞風俗、必招衰禍凶災、又主損折小口、或夫妻反目、根基不穩。

敗傷：定主破財、或因經營虧負、或因水火災厄、或因受累耗財、或因纏訟破產。又主多生女、竟乏嗣續、或兒女不孝。

玉衡：司於五鬼、愼防同牀之災、以免焚如之兆。對於婦人、則主小產墮胎之厄、養而難育、承繼爲佳。

司怪：主妖邪姦宄。暗室欺心、作事妄爲、不守法紀、難逃天網、結局身名俱裂、或攖邪症惡病以終。

貫索：一家之內、慘毒寡恩、毀滅祥和、醞爲戾氣、主有牢獄之災、甚至積惡已多、難逃爲法處決。

右十二方、忌高、忌開門、忌牀位、忌灶向等事。

定向圖

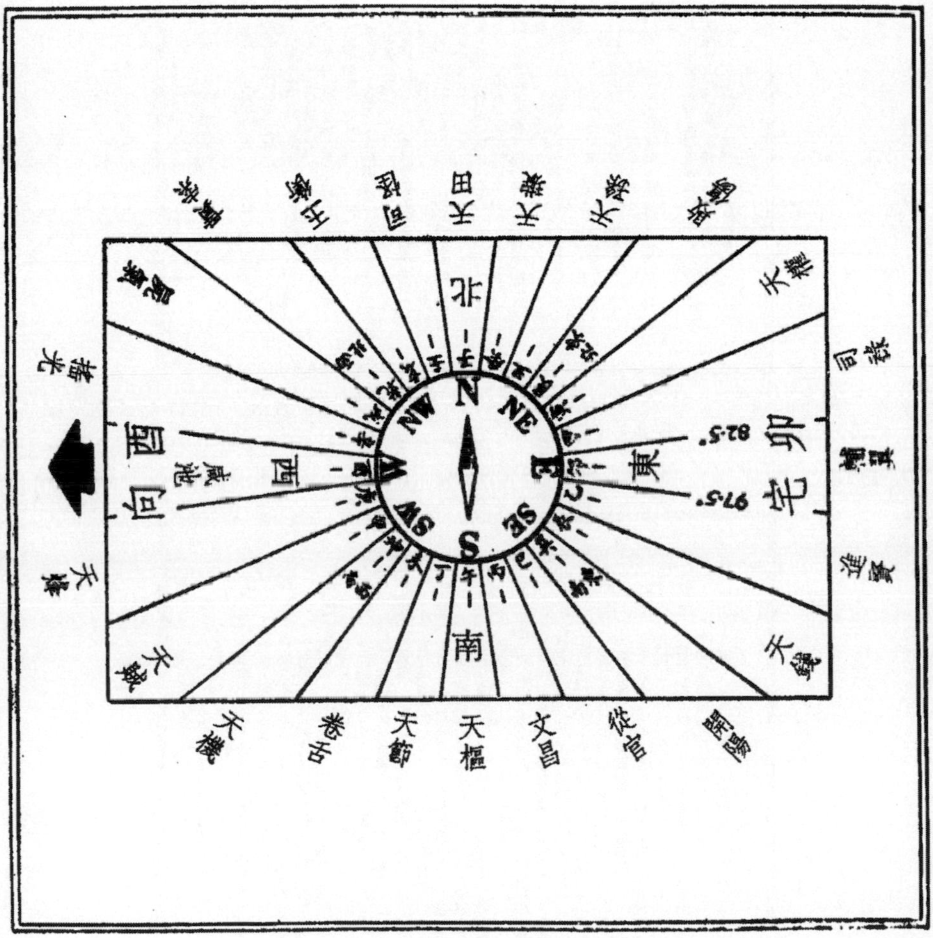

第八幅

吉星十二方位

輔翌：卽輔翼之義、主獲有力之支持、使本位臻於鞏固、進可以攻、退亦能守、居仁由義、動定宜咸。

進賢：主由正途出身、以所學應用於一生事業、從政經商、均能倍季名重、財丁兩旺、福壽並臻。

司祿：主以文武之業貴、掌鈞衡之重任、不惟一家一姓之榮、亦繫全國全民之望、聲名顯赫、傳於久遠。

開陽：三陽開泰、萬象光華、且氣周流、康疆逢吉、主家道如日之升、兒孫競秀、光大門閭。

天璇：位屬天乙、常獲上貴提攜、而有祿美譽彰之佳、遇事聰穎、調治如意、一切謀望、名利雙收。

從官：主在各類考試中、可能以第一人入選、否則亦多列前茅、習文能顯謨猷、習武能彪偉烈。

天錢：天賦多才、殷富可期、不啻錢同天降、對於工商各業、無不攸宜。卽是偏鋒、投機射利、亦能億則屢中。

天樞：主其人天授聰明、早著神童之譽、權操鈞軸、蔚爲宰輔之材。蓋樞者、樞紐之謂也。

天節：主氣度雍容、操守嚴正、遇事明於義利之辨。一門敦厚、鄉黨稱賢、福貽孫子。

文曲：主能鑽研學術、融合中西、達到高深造詣。他如書畫、金石、樂理、戲劇、雕塑、及與文藝有關之藝術、亦能取得一定成就。

天孫：主添丁進口、旺子益孫、人多好辦事、家和萬事興、處境安順、快樂逾恆。

天田：主於農墾、牧畜、園藝、均可獲利、舉凡經營食品之製造、與向外運銷、其源皆由於田土之懋藉而來也。

右十二吉位、宜高宜大、宜開門、宜牀位、宜灶向等事。

凶星十二方位

搖光：象徵浮光掠影、一瞥卽逝。其命主絕、卽感好轉、亦如曇花一現、爲時極暫、財帛聚散無常。

尸氣：尸居餘氣之謂也、主不能善終、或橫死路旁、或受金鐵利器之創傷、而致死亡、比比皆是、雖期正寢、不勝浩歎。

天烽：主火災、刑傷極重、既刑男、亦尅女、如非遁於僧尼、必致爲鰥爲寡、否則貧窮、無所依靠。

天機：有機械之器者、亦有機動之務者、有機動之務、必有機動之心、機心不常、機鋒可畏、主有禍患。

天賊：佛家語、六賊能刼一切諸善法、故雖愼防、盜竊難避、出門則隨時可遇剽掠、倘不被陷害、亦必傷財。

卷舌：舌而能卷、禍從口出、爲厲之階、將因私室唇齒之爭、釀爲公庭對簿之累、故主凶訟、糾紛、終身纏擾不寧。

權曜：坐於六煞之地、委瑣齷齪、門庭卑下、主放蕩淫佚、不齒於鄉里。

咸池：一家之中、男女淫蕩、肆無忌憚、玷辱門楣、敗壞風俗、必招婁禍凶災、又主損折小口、或夫妻反目、根基不穩。

敗傷：定主破財、或因經營虧負、或因木火災厄、或因受累耗財、或因纏訟破產。又主多生女、竟乏嗣續、或兒女不孝。

玉衡：司於五鬼、愼防同祿之災、以免焚如之兆。對於婦人、則主小產墮胎之厄、養而難育、承繼爲佳。

司怪：主妖邪姦宄。暗室欺心、作事妄爲、不守法紀、難逃天網、結局身名俱裂、或攖邪症惡病以終。

貫索：一家之內、修葺寡恩、毀滅祥和、醞爲戾氣、主有牢獄之災、甚至積惡已多、難逃爲法處決。

右十二方、忌高、忌開門、忌牀位、忌灶向等事。

定向圖

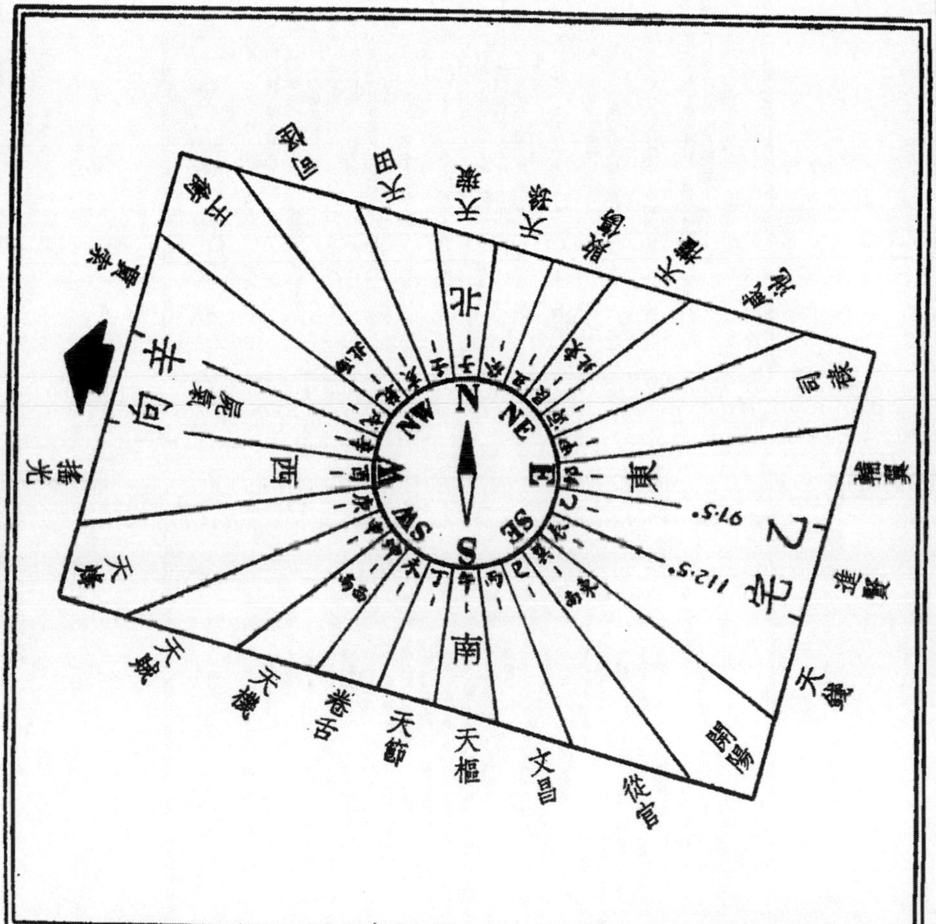

第九幅

吉星十二方位

輔弼：即輔翼之義、主獲有力之支持、使本位臻於鞏固、進可以攻、退亦能守、居仁由義、動定宜咸。

進賢：主由正途出身、以所學應用於一生事業、從政經商、均能信孚名重、財丁兩旺、福壽並臻。

司祿：主以文武之兼資、掌鈞衡之重任、不惟一家一姓之榮、亦繫全國全民之望、聲名顯赫、傳於久遠。

開陽：三陽開泰、萬象光華、且氣周流、康疆逢吉、主家道如日之升、兒孫競秀、光大門閭。

天璇：位屬天乙、常獲上貴提攜、而有祿美譽彰之佳、遇事聰穎、調治如意、一切謀猷、名利雙收。

從官：主在各類考試中、可能以第一人入選、否則亦多列前茅、習文能顯謨猷、習武能彰佽烈。

天錢：天賦多才、股富可期、不啻錢同天降、對於工商各業、無不攸宜、即是偏鋒、投機射利、亦能億則屢中。

天權：主其人天授聰明、早著神童之譽、掾操鈞軸、蔚爲宰輔之材、蓋權者、福紐之謂也。

天節：主氣度雍容、操守嚴正、遇事明於義利之辨、一門敦厚、鄉黨稱賢、福貽孫子。

文曲：主能鑽研學術、融合中西、達到高深造詣、他如書畫、金石、樂理、戲劇、雕塑、及與文藝有關之藝術、亦能取得一定成就。

天孫：主添丁進口、旺子益孫、人多好辦事、家和萬事興、處境安順、快樂逾恒。

天田：主於農墾、牧畜、園藝、均可獲利、舉凡經營食品之製造、與向外運銷、其源皆由於田土之恩蔭而來也。

右十二吉位、宜高宜大、宜開門、宜牀位、宜灶向等事。

凶星十二方位

搖光：象徵浮光掠影、一瞥即逝、其命主絕、即愿好轉、亦如曇花一現、爲時極暫、財帛聚散無常。

尸氣：尸居餘氣之謂也、主不能奢移、或橫死路衢、或受金鐵利器之剌傷、而致死亡、比比皆是、雖期正寢、不勝浩歎。

天雄：主火災、刑傷極重、既刑男、亦尅女、如非遁於僧尼、必致爲鰥爲寡、否則貧窮、無所依靠。

天機：有機械之器者、亦有機動之務者、有機動之務、必有機動之心、機心不常、機鋒可畏、主有禍患。

天賊：佛家語、六賊能劫一切諸善法、故雖愼防、盜竊難避、出門則隨時可遭剽掠、倘不被陷害、亦必傷財。

卷舌：舌而能卷、禍從口出、爲厲之階、將因私室唇齒之爭、釀爲公庭對簿之果、故主凶訟、糾紛、終身纏擾不寧。

權曜：坐於六煞之地、委瑣齷齪、門庭卑下、主放蕩淫佚、不齒於鄉里。

咸池：一家之中、男女淫蕩、肆無忌憚、玷辱門楣、敗壞風俗、必招異禍凶災、又主損折小口、或夫妻反目、根基不穩。

敗傷：定主破財、或因經營虧負、或因水火災厄、或因受累耗財、或因纏訟破產、又主多生女、竟乏嗣續、或兒女不孝。

玉衡：司於五鬼、愼防回祿之災、以免焚如之兆、對於婦人、則主小產墮胎之厄、養而難育、承繼爲佳。

司怪：主妖邪孽先、暗室欺心、作事妄爲、不守法紀、難逃天網、結局身名俱裂、或攖邪症惡病以終。

貫索：一家之內、慘罹冤恩、毀滅祥和、醞爲戾氣、主有牢獄之災、甚至積惡已多、難逃爲法處決。

右十二方、忌高、忌開門、忌牀位、忌灶向等事。

定向圖

樓宇寶鑑　吳師青著

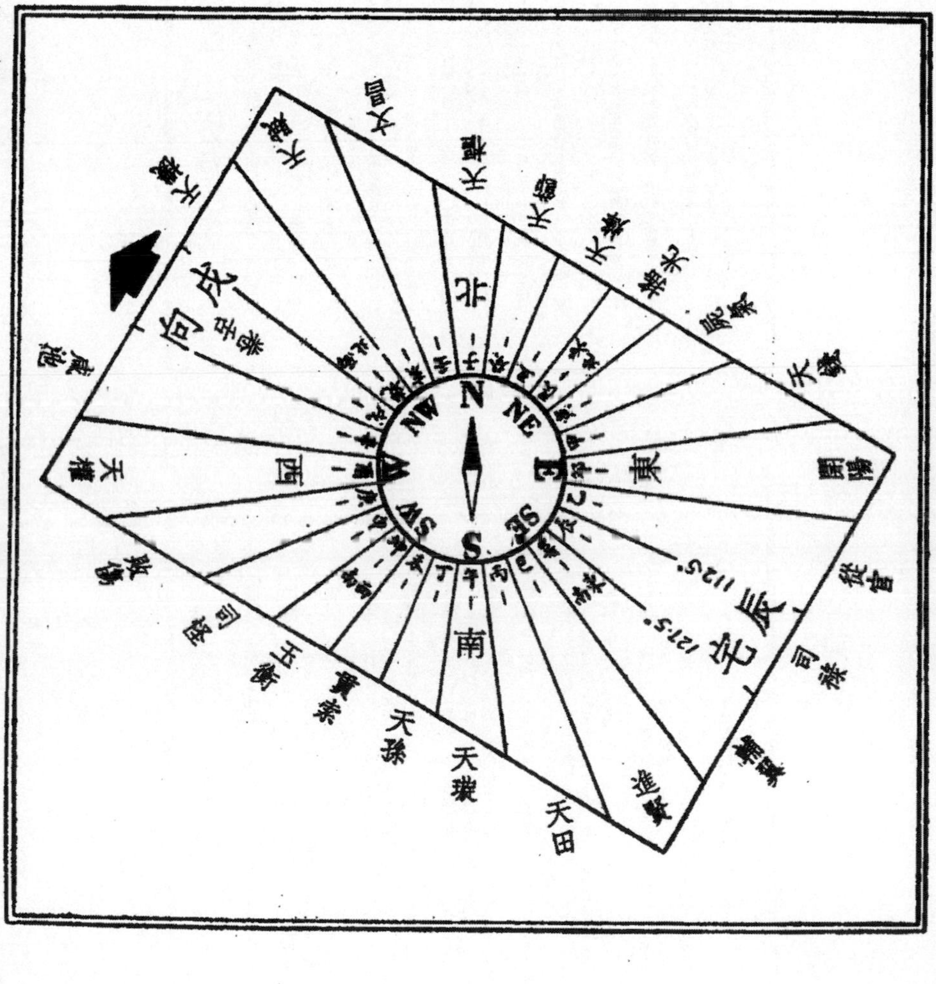

第十幅

吉星十二方位

輔弼：即輔翼之義、主獲有力之支持、使本位臻於鞏固、進可以攻、退亦能守、居仁由義、動定宜咸。

進賢：主由正途出身、以所學應用於一生事業、從政經商、均能倍乎名重、財丁兩旺、福壽並臻。

司祿：主以文武之兼貴、掌鈞衡之重任、不惟一家一姓之榮、亦繫全國全民之望、聲名顯赫、傳於久遠。

開陽：三陽開泰、萬象光華、且氣周流、康彊逢吉、主家道如日之升、兒孫競秀、光大門閭。

天璇：位屬天乙、常獲上貴提攜、而有祿美譽彰之佳、遇事聰穎、調治如意、一切謀望、名利雙收。

從官：主在各類考試中、可能以第一人入選、否則亦多列前茅、習文能顯謨猷、習武能彰偉烈。

天錢：天賦多才、殷富可期、不啻錢同天降、對於工商各業、無不攸宜。卽是偏錢、投機射利、亦能億則屢中。

天樞：主其人天授聰明、早著神童之譽、權操鈞軸、爵爲宰輔之材。蓋樞者、樞紐之謂也。

天節：主氣度雍容、操守嚴正、遇事明於義利之辨。一門敦厚、鄉黨稱賢、福貽孫子。

文昌：主能鑽研學術、融合中西、達到高深造詣。他如書畫、金石、樂理、戲劇、雕塑、及與文藝有關之藝術、亦能取得一定成就。

天孫：主添丁進口、旺子益孫、人多好辦事、家和萬事興、處境安順、快樂逾恒。

天田：主於農墾、牧畜、園藝、均可獲利、舉凡經營食品之製造、與向外運銷、其源皆由於田土之孳蕃而來也。

右十二吉位、宜高宜大、宜開門、宜牀位、宜灶向等事。

凶星十二方位

搖光：象徵浮光掠影、一瞥卽逝。其命主短、卽感好轉、亦如曇花一現、爲時極暫、財帛發散無常。

尸氣：尸居餘氣之謂也、主不能轉移、或橫死路衢、或受金鐵利器之創傷、而致死亡、比比皆是、雖期正寢、不勝浩歎。

天燁：主火災、刑傷極重、既刑男、亦剋女、如非遁於僧尼、必致爲鰥爲寡、否則貧窮、無所依靠。

天機：有機械之器者、亦有機動之務者、有機動之務、必有機動之心、機心不常、機詐可畏、主有禍患。

天賊：佛家語、六賊能刼一切諸善法、故雖慎防、盜竊難避、出門則隨時可遭刦掠、倘不被陷害、亦必傷財。

卷舌：舌而能卷、禍從口出、爲厲之階、將因私室唇齒之爭、釀爲公庭對簿之累、故主凶訟、糾紛、終身纏擾不寧。

權喫：坐於六煞之地、委頓饑餒、門庭卑下、主放蕩淫佚、不齒於鄉里。

咸池：一家之中、男女淫蕩、肆無忌憚、玷辱門楣、敗壞風俗、必招爽禍凶災、又主損折小口、或夫妻反目、根基不穩。

敗傷：定主破財、或因經營虧負、或因水火災厄、或因受累耗財、或因纏訟破產。又主多生女、貧乏嗣續、或兒女不幸。

五衡：司於五鬼、愼防回祿之災、以免焚如之兆。對於婦人、則主小產墮胎之厄、養而難育、承繼爲佳。

司怪：主妖邪姦宄。暗室欺心、作事妄爲、不守法紀、難逃天網、結局身名俱裂、或攖邪症惡病以終。

貫索：一家之內、慘遭冤恩、毀滅祥和、釀爲戾氣、主有牢獄之災、甚至積惡已多、難逃爲法處決。

右十二方、忌高、忌開門、忌牀位、忌灶向等事。

定向圖

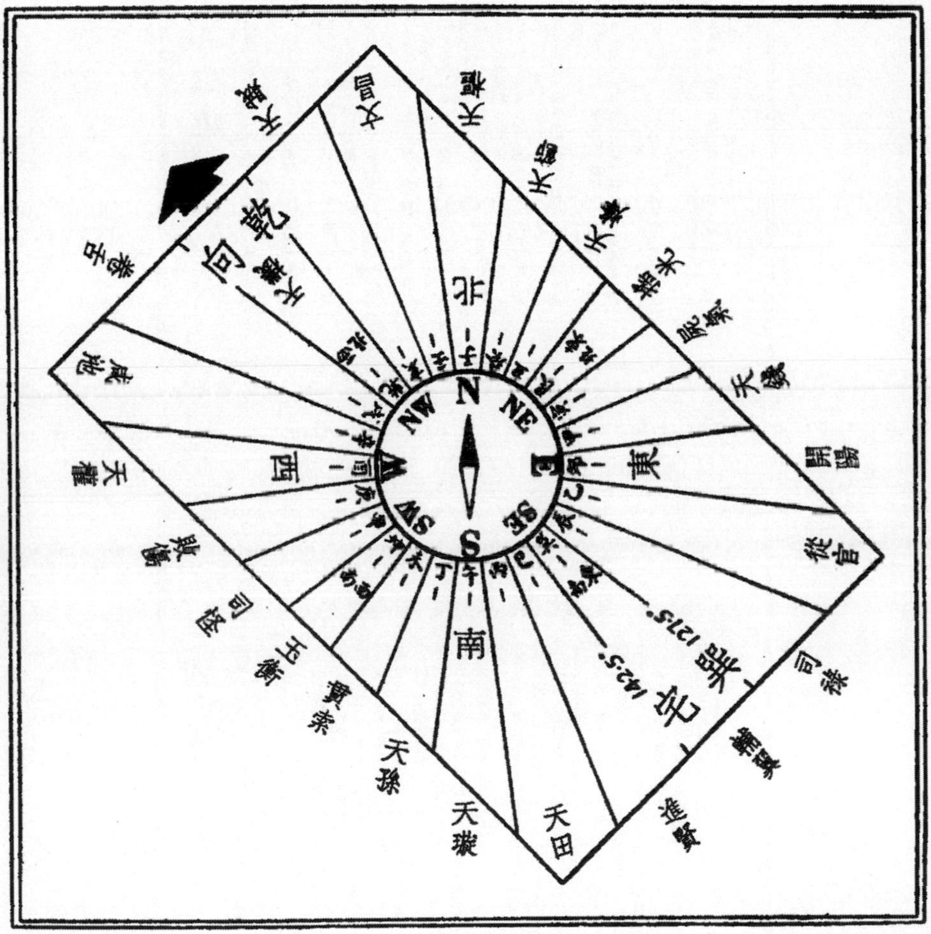
乾向
巽宅
N
S
E
W
NE
NW
SE
SW
南
西
東
天田
天璇

第十一幅

吉星十二方位

輔弼：即輔翼之義、主獲有力之支持、使本位臻於鞏固、進可以攻、退亦能守、居仁由義、動定宜咸。

進寶：主由正途出身、以所學應用於一生事業、從政經商、均能信孚名重、財丁兩旺、福壽並臻。

司祿：主以文武之秩貴、掌鈞衡之重任、不惟一家一姓之榮、亦繫全國全民之望、聲名顯赫、傳於久遠。

開陽：三陽開泰、萬像光華、且氣周流、康疆逢吉、主家道如日之升、兒孫競秀、光大門閭。

天璇：位屬天乙、常獲上貴提攜、而有緣美譽彰之佳、遇事聰穎、調洽如意、一切謀望、名利雙收。

從官：主在各類考試中、可能以第一人入選、否則亦多列前茅、習文能顯謨猷、習武能彰偉烈。

天錢：天賦多才、殷富可期、不啻錢同天降、對於工商各業、無不攸宜。即是偏鋒、投機射利、亦能億則屢中。

天樞：主其人天授聰明、早著神童之譽、權操鈞軸、蔚爲宰輔之材。爲樞者、樞紐之謂也。

天節：主氣度雍容、操守嚴正、遇事明於義利之辨。一門敦厚、鄉黨稱賢、福貽孫子。

文曲：主能鑽研學術、融合中西、達到高深造詣。他如書畫、金石、樂理、戲劇、雕塑、及與文藝有關之藝術、亦能取得一定成就。

天孫：主添丁進口、旺子益孫、人多好辦事、家和萬事興、處境安順、快樂逾恒。

天田：主於農墾、牧畜、園藝、均可獲利、舉凡經營食品之製造、與向外運銷、其源皆由於田土之憑藉而來也。

右十二吉位、宜高宜大、宜開門、宜牀位、宜灶向等事。

凶星十二方位

搖光：係微浮光掠影、一瞥即逝、其命主絕、即使好轉、亦如曇花一現、爲時極暫、財帛聚散無常。

尸氣：尸居餘氣之謂也、主不能善終、或橫死路斃、或受金鐵利器之創傷、而致死亡、比比皆是、雖期正寢、不勝浩歎。

天烽：主火災、刑傷極重、既刑男、亦尅女、如非遁於僧尼、必致爲鰥爲寡、否則貧窮、無所依靠。

天機：有機械之器者、亦有機動之務者、有機動之務、必有機動之心、機心不常、機鋒可畏、主有禍患。

天賊：佛家語、六賊能劫一切諸善法、故雖慎防、盜物難避、出門則隨時可遇劫掠、倘不被陷害、亦必傷財。

卷舌：舌而能卷、禍從口出、爲厲之階、將因私室唇齒之爭、釀爲公庭對簿之果、故主凶訟、糾紛、終身纏擾不寧。

權曜：坐於六煞之地、委瑣齷齪、門庭卑下、主鼓蕩淫佚、不齒於鄉里。

咸池：一家之中、男女淫蕩、肆無忌憚、玷辱門楣、敗壞風俗、必招衰禍凶災、又主損折小口、或夫妻反目、根基不穩。

敗傷：定主破財、或因經營虧負、或因水火災厄、或因受累耗財、或因纏訟破產。又主多生女、竟乏嗣續、或兒女不孝。

玉衡：司於五鬼、慎防回祿之災、以免焚如之兆。對於婦人、則主小產墮胎之厄、養而難育、承繼爲佳。

司怪：主妖邪姦宄、暗室欺心、作事妄爲、不守法紀、難逃天網、結局身名俱裂、或攖邪症惡病以終。

貫索：一家之內、慘毒寡恩、毀滅祥和、釀爲戾氣、主有牢獄之災、甚至積惡已多、難逃爲法處決。

右十二方、忌高、忌開門、忌牀位、忌灶向等事。

定向圖

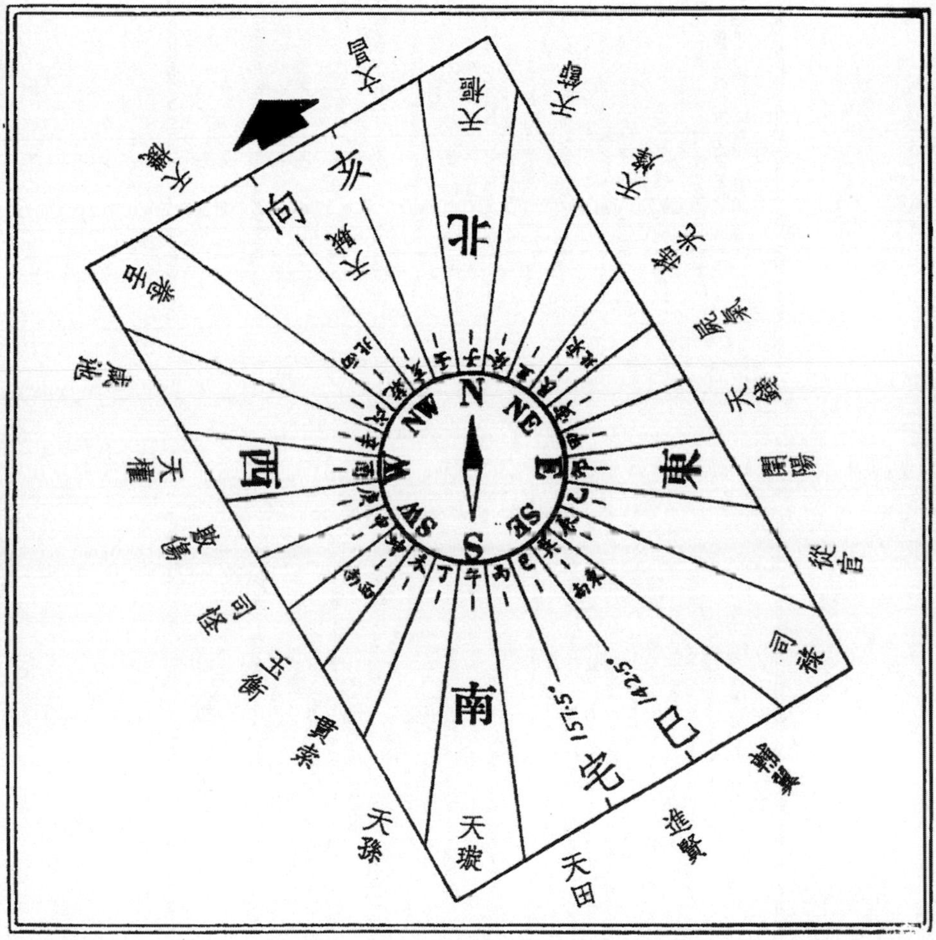

第十二幅

吉星十二方位

輔弼：即輔翼之義、主獲有力之支持、使本位臻於鞏固、進可以攻、退亦能守、居仁由義、動定宜咸。

進賢：主由正途出身、以所學應用於一生事業、從政經商、均能儁孚名望、財丁兩旺、福壽並臻。

司祿：主以文武之兼資、擎鈞衡之重任、不惟一家一姓之榮、亦繫全國全民之望、聲名顯赫、傳於久遠。

開陽：三陽開泰、萬象光華、且氣周流、康疆逢吉、主家道如日之升、兒孫競秀、光大門閭。

天璇：位臘天乙、常獲上貴提攜、而有祿美譽彰之佳、遇事聰穎、調治如意、一切謀望、名利雙收。

從官：主在各類考試中、可能以第一人入選、否則亦多列前茅、習文能擷讜猷、習武能彰偉烈。

天錢：天賦多才、殷富可期、不啻錢同天降、對於工商各業、無不攸宜。即是偏鋒、投機射利、亦能億則屢中。

天權：主其人天授聰明、早著神童之譽、權操鈞軸、蔚爲宰輔之材。蓋權者、權級之謂也。

天節：主氣度雍容、操守嚴正、遇事明於義利之辨。一門敦厚、鄉黨稱賢、福貽孫子。

文昌：主能鑽研學術、融合中西、達到高深造詣。他如書畫、金石、樂理、戲劇、雕塑、及與文藝有關之藝術、亦能取得一定成就。

天孫：主添丁進口、旺子益孫、人多好辦事、家和萬事興、處境安順、快樂逾恒。

天田：主於農墾、牧畜、園藝、均可獲利、舉凡經營食品之製造、與向外運銷、其源皆由於田土之憑藉而來也。

右十二吉位、宜高宜大、宜開門、宜牀位、宜灶向等事。

凶星十二方位

搖光：象徵浮光掠影、一瞥即逝。其命主絕、即感好轉、亦如曇花一現、爲時極暫、財帛聚散無常。

尸氣：尸居餘氣之謂也、主不能善終、或橫死路斃、或受金鐵利器之創傷、而致死亡、比比皆是、雖期正寢、不勝浩歎。

天蜂：主火災、刑傷極重、既刑男、亦尅女、如非遁於僧尼、必致爲鰥爲寡、否則貧窮、無所依靠。

天機：有機械之器者、亦有機動之務者、有機動之務、必有機動之心、機心不常、機鋒可畏、主有禍患。

天賊：佛家語、六賊能劫一切諸善法、故雖慎防、盜竊難避、出門則隨時可遇剽掠、倘不被陷害、亦必傷財。

卷舌：舌而能卷、禍從口出、爲厲之階、將因私室唇齒之爭、釀爲公庭對簿之果、故主凶訟、糾紛、終身纏擾不寧。

權曜：坐於六煞之地、委瑣齷齪、門庭卑下、主放蕩淫佚、不齒於鄉里。

咸池：一家之中、男女淫蕩、肆無忌憚、玷辱門楣、敗壞風俗、必招喪禍凶災、又主損折小口、或夫妻反目、根基不穩。

敗傷：定主破財、或因經營虧負、或因水火災厄、或因受累耗財、或因纏訟破產。又主多生女、竟乏嗣續、或兒女不孝。

玉衡：司於五鬼、慎防回祿之災、以免焚如之兆。對於婦人、則主小產墮胎之厄、養而難育、承繼爲佳。

司怪：主妖邪姦宄。暗室欺心、作事妄爲、不守法紀、難逃天網、結局身名俱裂、或操邪症惡病以終。

貫索：一家之內、慘罹寡愍、毀滅靜和、醞爲戾氣、主有牢獄之災、甚至積惡已多、難逃爲法處決。

右十二方、忌高、忌開門、忌牀位、忌灶向等事。

定向圖

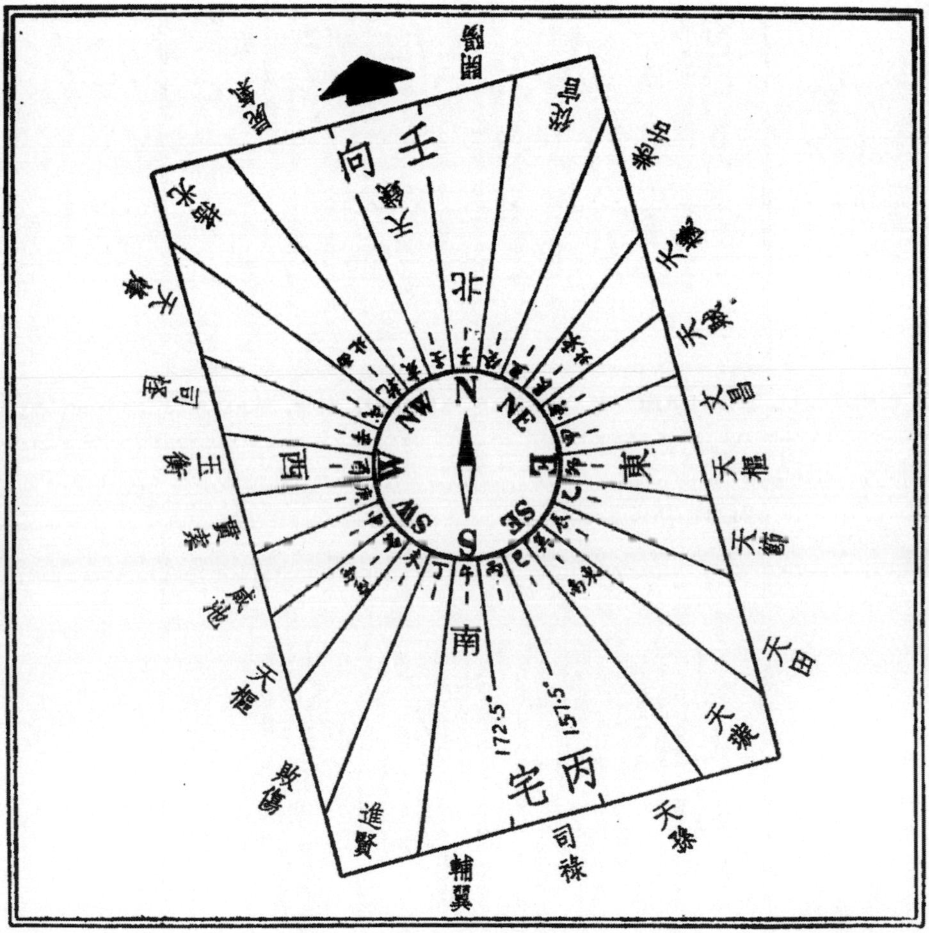

第十三幅

吉星十二方位

輔弼：即輔翼之義、主獲有力之支持、使本位穩於鞏固、進可以攻、退亦能守、居仁由義、動定宜咸。

進賢：主由正途出身、以所學應用於一生事業、從政經商、均能倍孚名望、財丁兩旺、福壽並臻。

司祿：主以文武之材資、奉鈞衡之重任、不惟一家一姓之榮、亦繫全國全民之望、聲名顯赫、傳於久遠。

開陽：三陽開泰、萬象光華、且氣周流、康疆逢吉、主家道如日之升、兒孫競秀、光大門閭。

天璇：位屬天乙、常獲上貴提攜、而有錦美譽彰之佳、遇事聰穎、調洽如意、一切謀猷、名利雙收。

從官：主在各類考試中、可能以第一人入選、否則亦多列前茅、習文能顯謨猷、習武能彰偉烈。

天錢：天賦多才、致富可期、不啻錢同天降、對於工商各業、無不攸宜・即是儲蓄、投機射利、亦能億則屢中。

天福：主其人天授聰明、早著神童之譽、權操鈞軸、蔚爲宰輔之材・蓋福壽、福祉之謂也。

天節：主氣度雍容、操守嚴正、遇事明於義利之辨・一門敦厚、鄉黨稱賢、福貽孫子。

文昌：主能鑽研學術、融合中西、達到高深造詣・他如書畫、金石、樂理、歆劇、雕塑、及與文藝有關之藝術、亦能取得一定成就。

天孫：主添丁進口、旺子益孫、人多好辦事、家和萬事興、處境安順、快樂逾恒。

天田：主於農墾、牧畜、園藝、均可獲利、舉凡經營食品之製造、與向外運銷、其源皆由於田土之蘊藉而來也。

右十二吉位、宜高宜大、宜開門、宜牀位、宜灶向等事。

凶星十二方位

搖光：像微浮光掠影、一瞥即逝・其命主絕、即感好轉、亦如曇花一現、爲時極暫、財帛聚散無常。

尸氣：尸居餘氣之謂也、主不能善終、或橫死路斃、或受金鐵利器之創傷、而致死亡、比比皆是、難期正寢、不勝浩歎。

天烽：主火災、刑傷極重、既刑男、亦尅女、如非遁於僧尼、必致爲鰥爲寡、否則貧窮、無所依靠。

天機：有機械之器者、亦有機動之務者、有機動之務、必有機動之心、機心不常、機鋒可長、主有禍患。

天賊：佛家語、六賊能刼一切諸善法、故雖愼防、盜竊難避、出門則隨時可遇剽掠、倘不被陷害、亦必傷財。

卷舌：舌而能卷、禍從口出、爲厲之階、將因私室唇齒之爭、釀爲公庭對簿之累、故主凶訟、糾紛、終身纏擾不寧。

權曜：坐於六煞之地、委瑣齷齪、門庭卑下、主放蕩淫佚、不齒於鄉里。

咸池：一家之中、男女淫蕩、肆無忌憚、玷辱門楣、敗壞風俗、必招惹禍凶災、又主損折小口、或夫妻反目、根基不穩。

敗傷：定主破財、或因經營虧負、或因水火災厄、或因受累耗財、或因纏訟破產・又主多生女、竟乏嗣續、或兒女不孝。

玉衡：司於五鬼、愼防回祿之災、以免焚如之兆・對於婦人、則主小產墮胎之厄、養而難育、承繼爲佳。

司怪：主妖邪姦宄・暗室欺心、作事妄爲、不守法紀、難逃天網、結局身名俱裂、或操邪症惡病以終。

貫索：一家之內、慘遭寡恩、毀滅詳和、醞爲戾氣、主有牢獄之災、甚至積惡已多、難逃爲法處決。

右十二方、忌高、忌開門、忌牀位、忌灶向等事。

定向圖

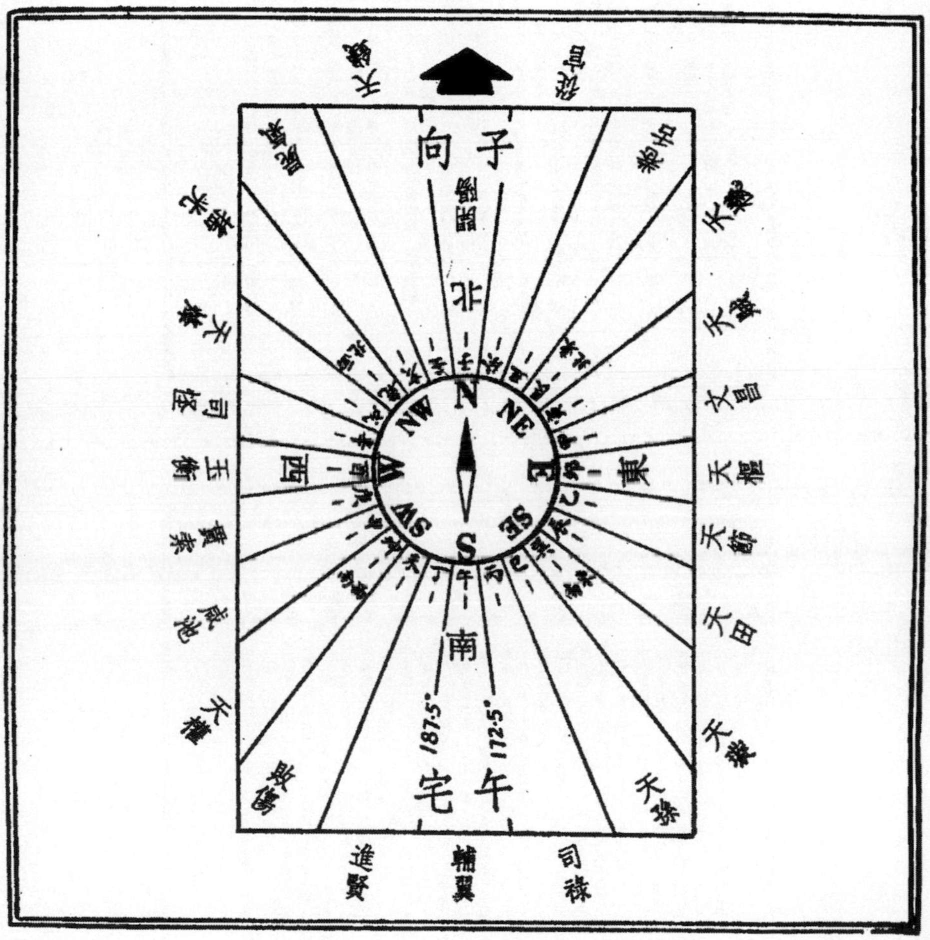

第十四幅

吉星十二方位

輔翌：卽輔翼之義、主獲有力之支持、使本位臻於鞏固、進可以攻、退亦能守、居仁由義、勳定宜成。

進賢：主由正途出身，以所學應用於一生事業、從政經商、均能信孚名重，財丁兩旺、福壽並臻。

司祿：主以文武之梁貢、掌鈞衡之重任、不惟一家一姓之榮、亦繫全國全民之望、聲名顯赫、傳於久遠。

開陽：三陽開泰、萬象光華、且氣周流、康疆逢吉、主家道如日之升、兒孫競秀、光大門閭。

天璇：位屬天乙、常獲上貴提攜、而有錦美彰彰之佳、遇事聰穎、調治如意、一切謀望、名利雙收。

從官：主在各類考試中、可能以第一人入選、否則亦多列前茅、習文能顯韜猷、習武能彰偉烈。

天錢：天賦多才、致富可期、不啻錢同天降、對於工商各業、無不攸宜。卽是偏鋒、投機射利、亦能億則屢中。

天福：主其人天授聰明、早著神童之譽、權操鈞軸、蔚爲宰輔之材。蓋福者、福祉之謂也。

天節：主氣度雍容、操守嚴正、遇事明於義利之辨。一門敦厚、鄉黨稱賢、福貽孫子。

文曲：主能鑽研學術、融合中西、達到高深造詣。他如書畫、金石、樂理、戲劇、雕塑、及與文藝有關之藝術、亦能取得一定成就。

天孫：主添丁進口、旺子益孫、人多好辦事、家和萬事興、處境安順、快樂逾恆。

天田：主於農墾、牧畜、園藝、均可獲利、擧凡經營食品之製造、與向外運銷、其源皆由於田土之恩蘊而來也。

右十二吉位、宜高宜大、宜開門、宜牀位、宜灶向等事。

凶星十二方位

搖光：象徵浮光掠影、一瞥卽逝。其命主絕、卽感好轉、亦如曇花一現、爲時極暫、財帛聚散無常。

尸氣：尸居餘氣之謂也、主不能善終、或橫死路旁、或受金鐵利器之創傷、而致死亡、比比皆是、雖期正寢、不勝浩歎。

天煞：主火災、刑傷極重、旣刑男、亦尅女、如非遁於僧尼、必致爲鰥爲寡、否則貧窮、無所依靠。

天機：有機械之器者、亦有機動之務者、有機動之務、必有機動之心、機心不常、機鋒可畏、主有禍患。

天賊：佛家語、六賊能劫一切諸善法、故雖愼防、盜竊難避、出門則隨時可遇劫掠、倘不被陷害、亦必傷財。

卷舌：舌而能卷、禍從口出、爲厲之階、將因私室唇齒之爭、釀爲公庭對簿之禁、故主凶訟、糾紛、終身纏擾不寧。

權曜：坐於六煞之地、委瑣齷齪、門庭卑下、主放蕩淫佚、不齒於鄉里。

咸池：一家之中、男女淫蕩、肆無忌憚、玷辱門楣、敗壞風俗、必招惹禍凶災、又主損折小口、或夫妻反目、根基不穩。

敗傷：定主破財、或因經營虧負、或因水火災厄、或因受累耗財、或因纏訟破產。又主多生女、竟乏嗣續、或兒女不孝。

玉衡：司於五鬼、愼防回祿之災、以免焚如之兆。對於婦人、則主小產墮胎之厄、養而難育、承繼爲佳。

司怪：主妖邪姦宄。暗室欺心、作事妄爲、不守法紀、難逃天網、結局身名俱裂、或罹邪症惡病以終。

貫索：一家之內、慘遭冤恩、殺滅祥和、釀爲戾氣、主有牢獄之災、甚至積惡已多、難逃爲法處決。

右十二方、忌高、忌開門、忌牀位、忌灶向等事。

定向圖

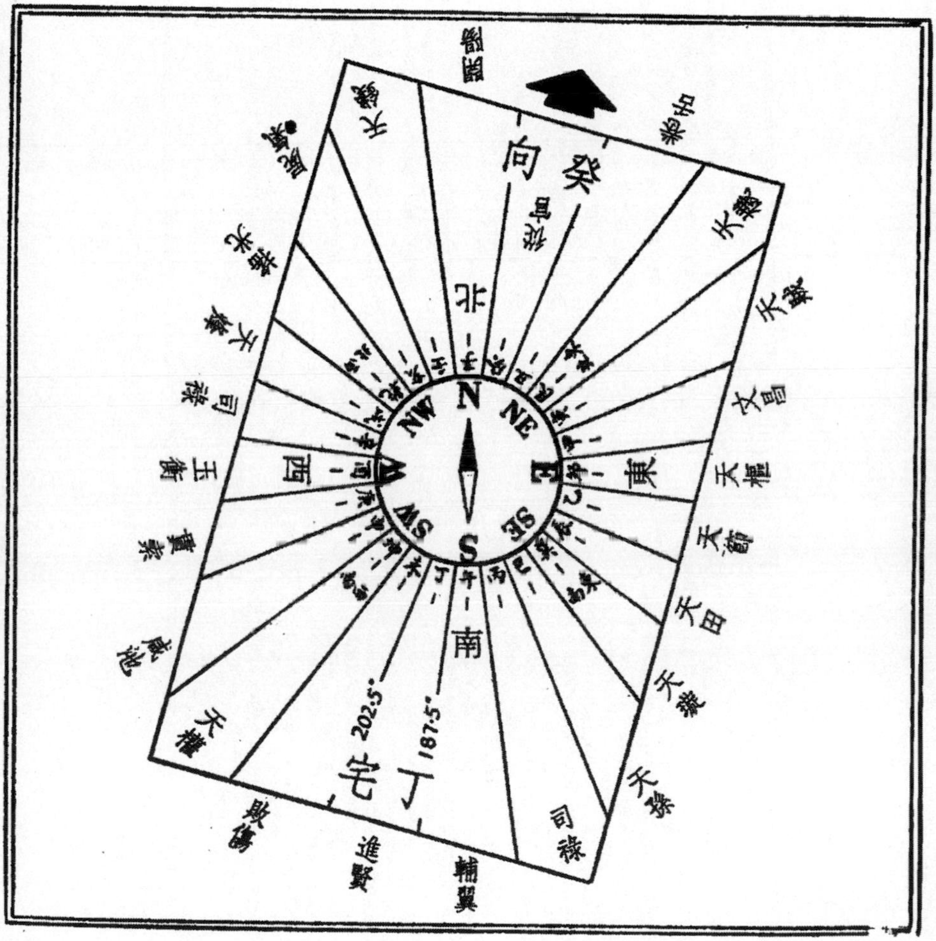

吳師青著

第十五幅

吉星十二方位

輔翌：即輔翼之義、主獲有力之支持、使本位臻於鞏固、進可以攻、退亦能守、居仁由義、動定宜咸。

進賢：主由正途出身、以所學應用爲一生事業、從政經商、均能倍享名重、財丁兩旺、福壽並臻。

司祿：主以文武之禀資、掌鈞衡之重任、不惟一家一姓之榮、亦繫全國全民之望、聲名顯赫、傳於久遠。

開陽：三陽開泰、萬象光華、且氣周流、康疆逢吉、主家道如日之升、兒孫競秀、光大門閭。

天璇：位屬天乙、常獲上賞提攜、而有絲美譽彰之佳、遇事聰穎、調治如意、一切謀望、名利雙收。

從官：主在各類考試中、可能以第一人入選、否則亦多列前茅、習文能顯謨猷、習武能彰偉烈。

天錢：天賦多才、殷富可期、不啻錢同天降、對於工商各業、無不攸宜。即是偏錄、投機射利、亦能億則屢中。

天樞：主其人天授聰明、早著神童之譽、權操鈞軸、蔚爲柱輔之材、蓋樞者、樞紐之謂也。

天節：主氣度雍容、操守嚴正、遇事明於義利之辨。一門敦厚、鄉黨稱賢、福貽孫子。

文昌：主能鑽研學術、融合中西、達到高深造詣。他如書畫、金石、樂理、戲劇、雕塑、及與文藝有關之藝術、亦能取得一定成就。

天孫：主添丁進口、旺子益孫、人多好辦事、家和萬事興、處境安順、快樂逾恒。

天田：主於農墾、牧畜、園藝、均可獲利、舉凡經營食品之製造、與向外運銷、其源皆由於田土之蘊藉而來也。

右十二吉位、宜高宜大、宜開門、宜牀位、宜灶向等事。

凶星十二方位

搖光：像彼浮光掠影、一瞥即逝。其命主絕、即感好轉、亦如曇花一現、爲時極暫、財帛聚散無常。

尸氣：尸居餘氣之謂也、主不能善終、或横死路衢、或受金鐵利器之刑傷、而致死亡、比比皆是、雖期正寢、不勝浩歎。

天烽：主火災、刑傷極重、既刑男、亦剋女、如非遁於僧尼、必致爲鰥爲寡、否則貧窮、無所依靠。

天機：有機械之器者、亦有機動之務者、有機動之務、必有機動之心、機心不常、機鋒可畏、主有禍患。

天賊：佛家語、六賊能刼一切諸善法、故雖慎防、盜竊難避、出門則隨時可遇剽掠、倘不被陷害、亦必傷財。

卷舌：舌而能卷、禍從口出、爲厲之階、將因私室磨齒之爭、釀爲公庭對簿之果、故主凶訟、糾紛、終身纏擾不寧。

權曜：坐於六煞之地、委瑣齷齪、門庭卑下、主放蕩淫佚、不齒於鄉里。

咸池：一家之中、男女淫蕩、肆無忌憚、玷辱門楣、敗壞風俗、必招喪禍凶災、又主損折小口、或夫妻反目、根基不穩。

敗傷：定主破財、或因經營虧負、或因水火災厄、或因受累耗財、或因纏訟破產。又主多生女、竟乏嗣續、或兒女不孝。

玉衡：司於五鬼、慎防回祿之災、以免焚如之兆。對於婦人、則主小產墮胎之厄、養而難育、承繼爲佳。

司怪：主妖邪姦宄。暗室欺心、作事妄爲、不守法紀、難逃天網、結局身名俱裂、或擾邪症惡病以終。

貫索：一家之內、慘遭冤愚、毀滅祥和、醞爲戾氣、主有牢獄之災、甚至積惡已多、難逃爲法處決。

右十二方、忌高、忌開門、忌牀位、忌灶向等事。

定向圖

樓宇寶鑑　吳師青著

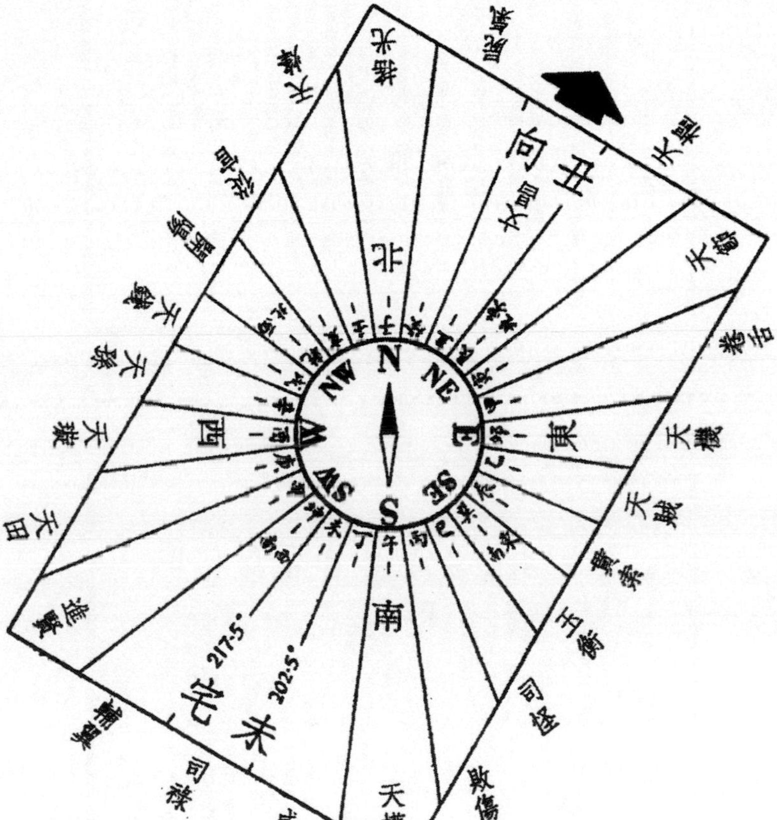

第十六幅

吉星十二方位

輔翌：即輔翼之義、主獲有力之支持、使本位臻於鞏固、進可以攻、退亦能守、居仁由義、動定宜咸。

進賢：主由正途出身、以所學應用於一生事業、從政經商、均能仗孚名重、財丁兩旺、福壽並臻。

司祿：主以文武之榮貴、掌鈞衡之重任、不惟一家一姓之榮、亦繫全國全民之望、聲名顯赫、傳於久遠。

開陽：三陽開泰、萬象光華、且氣周流、康疆逸吉、主家道如日之升、兒孫競秀、光大門閭。

天璇：位屬天乙、常蒙上賓提攜、而有絲美譽彰之佳、遇事聰穎、調治如意、一切謀望、名利雙收。

從官：主在各類考試中、可能以第一人入選、否則亦多列前茅、習文能顯謨猷、習武能彰偉烈。

天鉞：天賦多才、殷富可期、不曾餞同天降、對於工商各業、無不攸宜、即是偏鋒、投機射利、亦能億則屢中。

天樞：主其人天授聰明、早著神童之譽、權操鈞軸、蔚爲宰輔之材、蓋樞者、樞紐之謂也。

天節：主氣度雍容、操守嚴正、遇事明於義利之辨、一門敦厚、鄉黨稱賢、福貽孫子。

文昌：主能鑽研學術、融合中西、達到高深造詣、他如書畫、金石、樂理、戲劇、雕塑、及與文藝有關之藝術、亦能取得一定成就。

天孫：主添丁進口、旺子益孫、人多好辦事、家和萬事興、處境安順、快樂逾恒。

天田：主於農墾、牧畜、園藝、均可獲利、舉凡經營食品之製造、與向外運銷、其源皆由於田土之惡藝而來也。

右十二吉位、宜高宜大、宜開門、宜牀位、宜灶向等事。

凶星十二方位

搖光：象徵浮光掠影、一瞥即逝、其命主凶、即感好轉、亦如曇花一現、爲時極暫、財帛聚散無常。

尸氣：尸居餘氣之謂也、主不能善終、或橫死路旁、或受金鐵利器之創傷、而致死亡、比比皆是、雖期正寢、不勝浩歎。

天殺：主火災、刑傷極重、既刑男、亦尅女、如非遁於僧尼、必致爲鰥爲寡、否則貧窮、無所依靠。

天機：有機械之器者、亦有機動之務者、有機動之務、必有機動之心、機心不常、機鋒可畏、主有禍患。

天賊：佛家語、六賊能劫一切諸善法、故雖慎防、盜竊難避、出門則隨時可遇剽掠、倘不被陷害、亦必傷財。

卷舌：舌而能卷、禍從口出、爲瘋之階、將因私室唇齒之爭、釀爲公庭對簿之累、故主凶訟、糾紛、終身纏擾不寧。

權曜：坐於六煞之地、委頊剛戾、門庭卑下、主放蕩淫佚、不齒於鄉里。

咸池：一家之中、男女淫蕩、肆無忌憚、玷辱門楣、敗壞風俗、必招與禍凶災、又主損折小口、或夫妻反目、根基不穩。

敗傷：定主破財、或因經營虧負、或因水火災厄、或因受累耗財、或因黲訟破產、又主多生女、竟乏嗣續、或兒女不孝。

玉衡：司於五鬼、慎防回祿之災、以免焚如之兆、對於婦人、則主小產墮胎之厄、養而難育、承繼爲佳。

司怪：主妖邪姦宄、暗室欺心、作事妄爲、不守法紀、難逃天網、結局身名俱裂、或擾邪症惡病以終。

貫索：一家之內、慘遭寡恩、殺滅祥和、釀爲戾氣、主有牢獄之災、甚至積惡已多、難逃爲法處決。

右十二方、忌高、忌開門、忌牀位、忌灶向等事。

定向圖

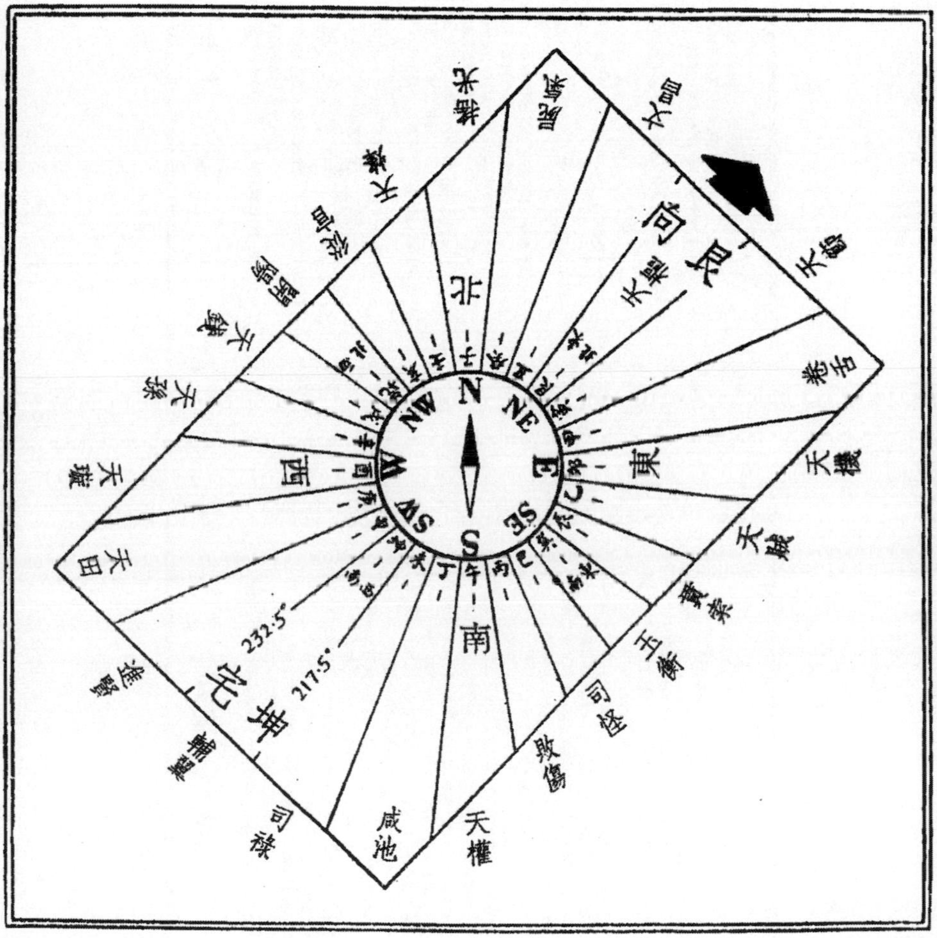

第十七幅

吉星十二方位

輔弼：即輔翼之義、主獲有力之支持、使本位臻於鞏固、進可以攻、退亦能守、居仁由義、動定咸宜。

進賢：主由正途出身、以所學應用於一生事業、從政經商、均能佸乎名實、財丁兩旺、福壽並臻。

司祿：主以文武之秉賦、掌鈞衡之重任、不惟一家一姓之榮、亦繫全國全民之望、聲名顯赫、傳於久遠。

開陽：三陽開泰、萬象光華、且氣周流、康彊逢吉、主家道如日之升、兒孫競秀、光大門閭。

天璇：位屬天乙、常獲上貴提攜、而有錦美聲彩之佳、遇事聰穎、調治如意、一切謀望、名利雙收。

從官：主在各類考試中、可能以第一人入選、否則亦多列前茅、習文能顯謨猷、習武能彰偉烈。

天錢：天賦多才、致富可期、不啻錢同天降、對於工商各業、無不攸宜。即是偏錢、投機射利、亦能億則屢中。

天權：主其人天授聰明、早著神童之譽、權操鈞軸、蔚爲宰輔之材、蓋福壽、福祉之謂也。

天節：主氣度雍容、操守嚴正、遇事明於義利之辨。一門敦厚、鄉黨稱賢、福貽孫子。

文昌：主能鑽研學術、融合中西、達到高深造詣。他如書畫、金石、樂理、戲劇、雕塑、及與文藝有關之藝術、亦能取得一定成就。

天孫：主添丁進口、旺子益孫、人多好辦事、家和萬事興、處境安順、快樂逾恆。

天田：主於農墾、牧畜、園藝、均可獲利、舉凡經營食品之製造、與向外運銷、其源皆由於田土之懸殊而來也。

右十二吉位、宜高宜大、宜開門、宜牀位、宜灶向等事。

凶星十二方位

搖光：象徵浮光掠影、一瞥即逝。其命主絕、即感好轉、亦如曇花一現、爲時極暫、財帛聚散無常。

尸氣：尸居餘氣之謂也、主不能善終、或橫死路衢、或受金鐵利器之創傷、而致死亡、比比皆是、難期正寢、不勝浩歎。

天烽：主火災、刑傷極重、既刑男、亦剋女、如非遁於僧尼、必致爲餓爲寒、否則貧窮、無所依靠。

天機：有機械之器者、亦有機動之務者、有機動之務、必有機動之心、機心不常、機鋒可畏、主有禍患。

天賊：佛家語、六賊能毀一切諸善法、故雖慎防、盜竊難避、出門則隨時可遇剽掠、倘不被陷害、亦必傷財。

卷舌：舌而能卷、禍從口出、爲厲之階、將因私室唇齒之爭、釀爲公庭對簿之累、故主凶訟、糾紛、終身纏擾不寧。

權曜：坐於六煞之地、委瑣齷齪、門庭卑下、主放蕩淫佚、不齒於鄉里。

咸池：一家之中、男女淫蕩、肆無忌憚、玷辱門楣、敗壞風俗、必招禍興凶災、又主損折小口、或夫妻反目、根基不穩。

敗傷：定主破財、或因經營虧負、或因水火災厄、或因受累耗財、或因纏訟破產。又主多生女、竟乏嗣續、或兒女不孝。

玉衡：司於五鬼、慎防回祿之災、以免焚如之兆。對於婦人、則主小產墮胎之厄、養而難育、承繼爲佳。

司怪：主妖邪姦宄。暗室欺心、作事妄爲、不守法紀、難逃天網、結局身名俱裂、或攖邪症惡病以終。

貫索：一家之內、修造寡恩、毀滅祥和、醞爲戾氣、主有牢獄之災、甚至積惡已多、難逃爲法處決。

右十二方、忌高、忌開門、忌牀位、忌灶向等事。

定向圖

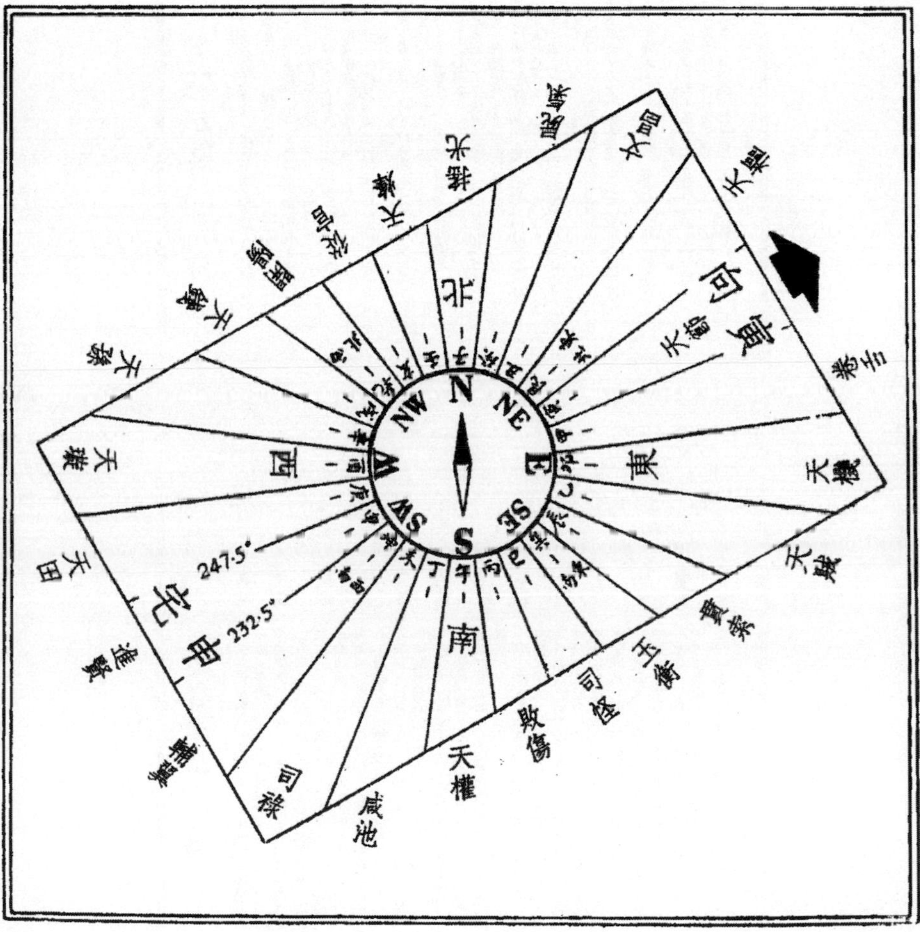

第十八幅

吉星十二方位

輔弼：即輔翼之義、主獲有力之支持、使本位臻於鞏固、進可以攻、退亦能守、居仁由義、動定宜咸。

進賢：主由正途出身、以所學應用於一生事業、從政經商、均能佔乎名貴、財丁兩旺、福壽並臻。

司祿：主以文武之豪貴、掌鈞衡之重任、不惟一家一姓之榮、亦繫全國全民之望、聲名顯赫、傳於久遠。

開陽：三陽開泰、萬象光華、且氣周流、康寧逢吉、主家道如日之升、兒孫競秀、光大門閭。

天獎：位屬天乙、常獲上貴提攜、而有錦美譽彰之佳、遇事聰穎、調治如意、一切謀猷、名利雙收。

從實：主在各類考試中、可能以第一人入選、否則亦多列前茅、習文能顯謨猷、習武能彰偉烈。

天錢：天賦多才、殷富可期、不啻錢同天降、對於工商各業、無不攸宜、即是傭鋒、投機射利、亦能億則屢中。

天福：主其人天授聰明、早奪神童之譽、權操鈞軸、蔚爲宰輔之材、蓋福者、福紐之謂也。

天節：主氣度雍容、操守嚴正、遇事明於義利之辨、一門敦厚、鄉黨稱賢、福貽孫子。

文昌：主能鑽研學術、融合中西、達到高深造詣、他如書畫、金石、樂理、戲劇、雕塑、及與文藝有關之藝術、亦能取得一定成就。

天孫：主添丁進口、旺子益孫、人多好辦事、家和萬事興、處境安順、快樂逾恒。

天田：主於農墾、牧畜、園藝、均可獲利、舉凡經營食品之製造、與向外運銷、其源皆由於田土之孳生而來也。

右十二吉位、宜高宜大、宜開門、宜牀位、宜灶向等事。

凶星十二方位

搖光：倏倏浮光掠影、一瞥即逝、其命主短、即感舒暢、亦如曇花一現、爲時極暫、財帛聚散無常。

尸氣：尸居餘氣之謂也、主不能善終、或橫死路旁、或受金鐵利器之創傷、而致死亡、比比皆是、雖期正寢、不勝浩歎。

天烽：主火災、刑傷極重、既刑男、亦妨女、如非遁於僧尼、必致爲鰥爲寡、否則貧窮、無所依靠。

天機：有機械之器者、亦有機動之務者、有機動之務、必有機動之心、機心不常、機鋒可畏、主有禍患。

天賊：佛家語、六賊能劫一切諸善法、故雖慎防、盜竊難避、出門則隨時可遇剽掠、倘不被陷害、亦必傷財。

卷舌：舌而能卷、禍從口出、爲厲之階、將因私室唇齒之爭、釀爲公庭對簿之累、故主凶訟、糾紛、終身纏擾不寧。

權曜：坐於六煞之地、委瑣齷齪、門庭卑下、主放蕩淫佚、不齒於鄉黨。

咸池：一家之中、男女淫蕩、肆無忌憚、玷辱門楣、敗壞風俗、必招爽禍凶災、又主損折小口、或夫妻反目、根基不穩。

敗傷：定主破財、或因罷營虧負、或因水火災厄、或因受累耗財、或因纏訟破產、又主多生女、竟乏嗣續、或兒女不孝。

玉衡：司於五鬼、愼防回祿之災、以免焚如之兆、對於婦人、則主小產墮胎之厄、養而難育、承繼爲佳。

司怪：主妖邪姦宄、暗室欺心、作事妄爲、不守法紀、難逃天網、結局身名俱裂、或擾邪症惡病以終。

貫索：一家之內、慘罹寡恩、致滅祥和、醞爲戾氣、主有牢獄之災、甚至積惡已多、難逃爲法處決。

右十二方、忌高、忌開門、忌牀位、忌灶向等事。

定向圖

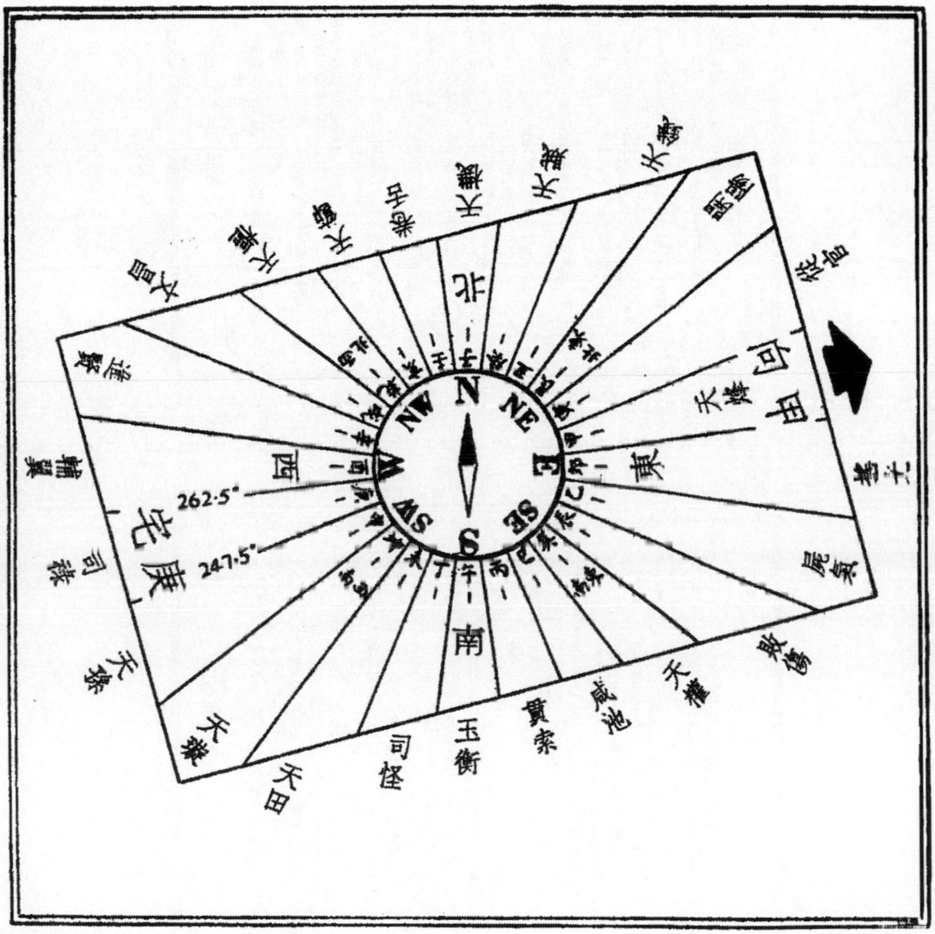

吳師青著

第十九幅

吉星十二方位

輔翌：即輔翼之義、主獲有力之支持、使本位鞏於鞏固、進可以攻、退亦能守、居仁由義、動定宜威。

進賢：主由正塗出身、以所學應用於一生事業、從政經商、均能信孚名重、財丁兩旺、福壽並臻。

司祿：主以文武之榮貴、掌鈞衡之重任、不惟一家一姓之榮、亦繫全國全民之望、聲名顯赫、傳於久遠。

開陽：三陽開泰、萬象光華、且氣周流、康疆逢吉、主家道如日之升、兒孫競秀、光大門閭。

天璇：位隔天乙、常蒙上貴提攜、而有綠美譽彰之佳、遇事聰穎、調治如意、一切謀望、名利雙收。

從官：主在各類考試中、可能以第一人入選、否則亦多列前茅、習文能顯謨猷、習武能彰偉烈。

天錢：天賦多才、殷富可期、不啻錢同天降、對於工商各業、無不攸宜。即是儲錢、投機射利、亦能億則屢中。

天樞：主其人天授聰明、早著神童之譽、權操鈞軸、蔚爲宰輔之材、蓋樞者、樞紐之謂也。

天節：主氣度雍容、操守嚴正、遇事明於義利之辨。一門敦厚、鄉黨稱賢、福貽孫子。

文昌：主能鑽研學術、融合中西、達到高深造詣。他如書畫、金石、樂理、戲劇、雕塑、及與文藝有關之藝術、亦能取得一定成就。

天孫：主添丁進口、旺子益孫、人多好辦事、家和萬事興、處境安順、快樂逾恒。

天田：主於農墾、牧畜、園藝、均可獲利、舉凡經營食品之製造、與向外運銷、其源皆由於田土之惡蘊而來也。

右十二吉位、宜高宜大、宜開門、宜牀位、宜灶向等事。

凶星十二方位

搖光：條散浮光掠影、一瞥即逝。其命主絕、即感好轉、亦如曇花一現、爲時極暫、財帛聚散無常。

尸氣：尸居餘氣之謂也、主不能善終、或橫死路旁、或受金鐵利器之創傷、而致死亡、比比皆是、難期正寢、不勝浩歎。

天嫜：主火災、刑傷極重、既刑男、亦尅女、如非遁於僧尼、必致爲餓爲寡、否則貧窮、無所依靠。

天機：有機械之器者、亦有機動之務者、有機動之務、必有機動之心、機心不常、機鋒可畏、主有禍患。

天賊：佛家語、六賊能刼一切諸善法、故雖慎防、盜竊難避、出門則隨時可遇剽掠、倘不被陷害、亦必傷財。

卷舌：舌而能卷、禍從口出、爲厲之階、將因私室唇齒之爭、釀爲公庭對簿之累、故主凶訟、糾紛、終身纏擾不寧。

權暖：坐於六煞之地、委瑣齷齪、門庭卑下、主放蕩淫佚、不齒於鄉里。

咸池：一家之中、男女淫蕩、肆無忌憚、玷辱門楣、敗壞風俗、必招災禍凶災、又主損折小口、或夫妻反目、根基不穩。

敗傷：定主破財、或因經營虧負、或因水火災厄、或因受累耗財、或因纏訟破產。又主多生女、竟乏嗣續、或兒女不孝。

五衡：司於五鬼、慎防回祿之災、以免焚如之兆。對於婦人、則主小產墮胎之厄、養而難育、承繼爲佳。

司怪：主妖邪姦宄。暗室欺心、作事妄爲、不守法紀、難逃天網、結局身名俱裂、或擾邪症惡病以終。

貫索：一家之內、慘遭冤恩、毀滅祥和、醞爲戾氣、主有牢獄之災、甚至積惡已多、難逃爲法處決。

右十二方、忌高、忌開門、忌牀位、忌灶向等事。

定向圖

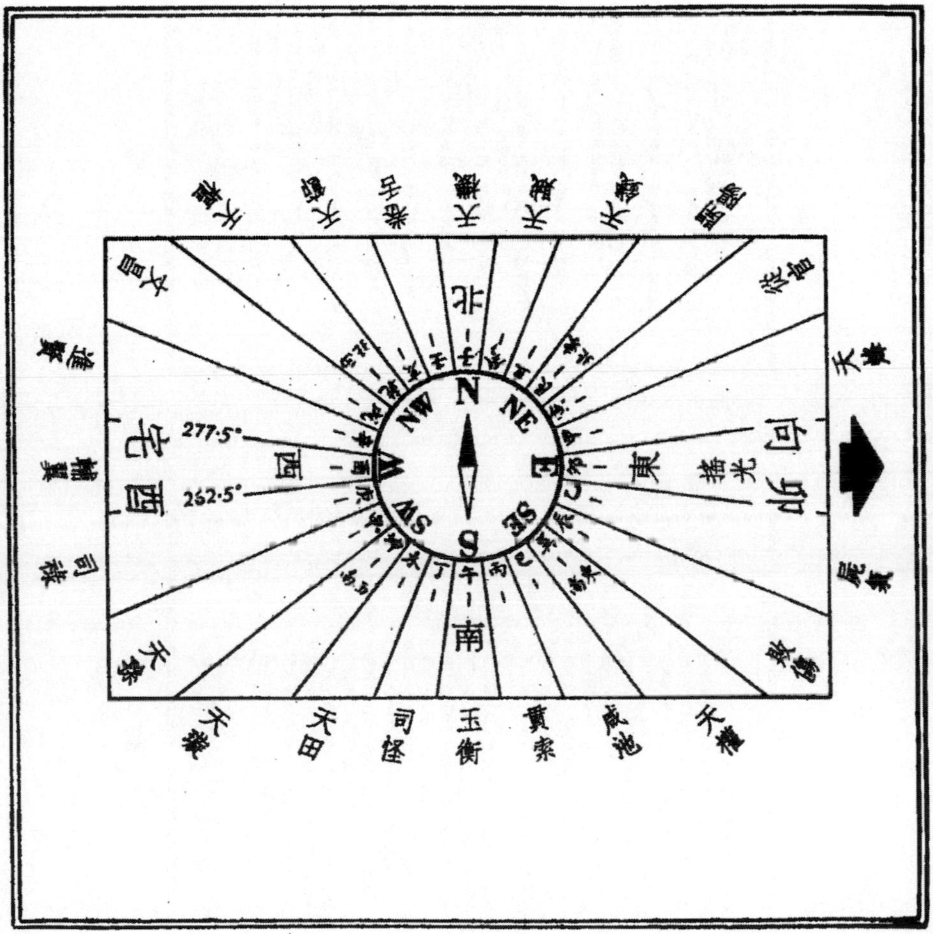

第二十幅

吉星十二方位

輔弼：即輔翼之義、主獲有力之支持、使本位臻於鞏固、進可以攻、退亦能守、居仁由義、動定宜咸。

進賢：主由正途出身、以所學應用於一生事業、從政經商、均能信孚名重、財丁兩旺、福壽並臻。

司祿：主以文武之兼資、奉鈞衡之重任、不惟一家一姓之榮、亦繫全國全民之望、聲名顯赫、傳於久遠。

開陽：三陽開泰、萬象光華、且氣周流、旗鼓逢吉、主家道如日之升、兒孫競秀、光大門閭。

天褒：位屬天乙、常褒上賞提攜、而有祿美譽彰之佳、遇事聰穎、調治如意、一切謀望、名利雙收。

從官：主在各類考試中、可能以第一人入選、否則亦多列前茅、習文能顯謨猷、習武能彰偉烈。

天錢：天賦多才、致富可期、不啻錢同天降、對於工商各業、無不飲宜。即是偏鋒、投機射利、亦能億則屢中。

天福：主其人天授聰明、早著神童之譽、權操鈞軸、蔚爲宰輔之材。蓋福者、福祉之謂也。

天節：主氣度雍容、操守嚴正、遇事明於義利之辨。一門敦厚、鄉黨稱賢、福貽孫子。

文昌：主能鑽研學術、融合中西、達到高深造詣。他如書畫、金石、樂理、戲劇、雕塑、及與文藝有關之藝術、亦能取得一定成就。

天孫：主添丁進口、旺子益孫、人多好辦事、家和萬事興、處境安順、快樂逾恒。

天田：主於農墾、牧畜、園藝、均可獲利、舉凡經營食品之製造、與向外運銷、其源皆由於田土之懋遷而來也。

右十二吉位、宜高、宜大、宜開門、宜牀位、宜灶向等事。

凶星十二方位

搖光：象徵浮光掠影、一瞥即逝。其命主絕、即感好轉、亦如曇花一現、爲時極暫、財帛聚散無常。

尸氣：尸居餘氣之謂也、主不能善終、或橫死路旁、或受金鐵利器之創傷、而致死亡、比比皆是、難期正寢、不勝浩歎。

天嫁：主火災、刑傷極重、既刑男、亦尅女、如非遁於僧尼、必致爲鰥爲寡、否則貧窮、無所依靠。

天機：有機械之器者、亦有機動之務者、有機動之務、必有機動之心、機心不常、機鋒可畏、主有禍患。

天賊：佛家語、六賊能刼一切諸善法、故雖慎防、盜竊難避、出門則隨時可遇剽掠、倘不被陷害、亦必傷財。

卷舌：舌而能卷、禍從口出、爲厲之階、將因私室唇齒之爭、釀爲公庭對簿之累、故主凶訟、糾紛、終身纏擾不寧。

權曜：坐於六煞之地、委瑣齷齪、門庭卑下、主放蕩淫佚、不齒於鄉里。

咸池：一家之中、男女淫蕩、肆無忌憚、玷辱門楣、敗壞風俗、必招喪禍凶災、又主損折小口、或夫妻反目、根基不穩。

敗傷：定主破財、或因經營虧負、或因水火災厄、或因受累耗財、或因纏訟破產。又主多生女、竟乏嗣續、或兒女不孝。

玉衡：司於五鬼、慎防回祿之災、以免焚如之兆。對於婦人、則主小產墮胎之厄、養而難育、承繼爲佳。

司怪：主妖邪孤先。暗室欺心、作事妄爲、不守法紀、難逃天網、結局身名俱裂、或罹邪症惡病以終。

貫索：一家之內、慘遭寃屈、毀滅祥和、醞釀戾氣、主有牢獄之災、甚至積惡已多、難逃爲法處決。

右十二方、忌高、忌開門、忌牀位、忌灶向等事。

定向圖

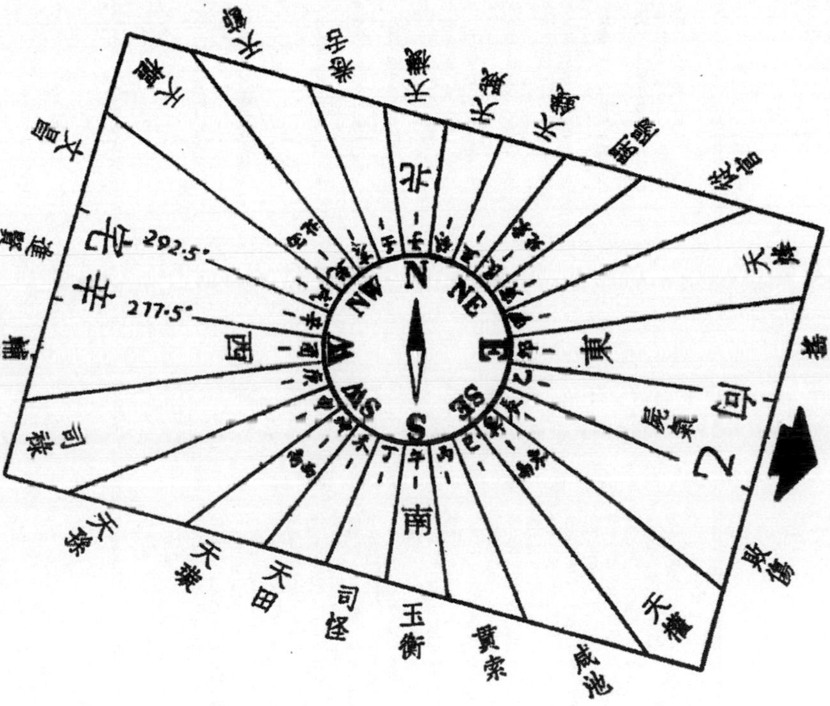

第二十一幅

吉星十二方位

輔翌：即輔貫之義、主獲有力之支持、使本位臻於鞏固、進可以攻、退亦能守、居仁由義、勳定宜威。
進寶：主由正途出身、以所學應用於一生事業、從政經商、均能信乎名重、財丁兩旺、福壽並臻。
司祿：主以文武之幹實、常鈞衡之重任、不惟一家一姓之榮、亦繫全國全民之望、聲名顯赫、傳於久遠。
開陽：三陽開泰、萬象光華、且氣周流、康疆逢吉、主家道如日之升、兒孫競秀、光大門閭。
天璇：位屬天乙、常獲上貴提攜、而有綠美譽彰之佳、遇事聰穎、調治如意、一切謀望、名利雙收。
從官：主在各類考試中、可能以第一人入選、否則亦多列前茅、習文能顯謨猷、習武能彰俠烈。
天錢：天賦多才、殷富可期、不啻錢河天降、對於工商各業、無不皆宜。即是偏鋒、投機射利、亦能億則屢中。
天樞：主其人天授聰明、早著神童之譽、權操鈞軸、蔚爲宰輔之材。遙福者、福祉之謂也。
天節：主氣度雍容、操守嚴正、遇事明於義利之辨。一門敦厚、鄉黨稱賢、福貽孫子。
文昌：主能鑽研學術、融合中西、達到高深造詣。他如書畫、金石、樂理、戲劇、雕塑、及與文藝有關之藝術、亦能取得一定成就。
天孫：主添丁進口、旺子益孫、人多好辦事、家和萬事興、處境安順、快樂逾恒。
天田：主於農墾、牧畜、園藝、均可獲利、舉凡經營食品之製造、與向外運銷、其源皆由於田土之恩賜而來也。
右十二吉位、宜高宜大、宜開門、宜牀位、宜灶向等事。

凶星十二方位

搖光：象徵浮光掠影、一瞥即逝。其命主絕、即遇好轉、亦如曇花一現、爲時極暫、財帛聚散無常。
尸氣：尸居餘氣之謂也、主不能善終、或橫死路傍、或受金鐵利器之創傷、而致死亡、比比皆是、雖期正寢、不勝浩歎。
天烽：主火災、刑傷極重、既刑男、亦妨女、如非遁於僧尼、必致爲鰥爲寡、否則貧窮、無所依靠。
天機：有機械之器者、亦有機動之務者、有機動之務、必有機動之心、機心不常、機鋒可畏、主有禍患。
天賊：佛家語、六賊能劫一切諸善法、故雖慎防、盜竊難逃、出門則隨時可遇劫掠、倘不被陷害、亦必傷財。
卷舌：舌而能卷、禍從口出、爲厲之階、將因私室牀笫之爭、釀爲公庭對簿之累、故主凶訟、糾紛、終身纏擾不寧。
權曜：坐於六煞之地、委瑣齷齪、門庭卑下、主放蕩淫佚、不齒於鄉里。
咸池：一家之中、男女淫蕩、肆無忌憚、玷辱門楣、敗壞風俗、必招禍凶災、又主損折小口、或夫妻反目、根基不穩。
敗傷：定主破財、或因經營虧負、或因水火災厄、或因受累耗財、或因纏訟破產。又主多生女、竟乏嗣續、或兒女不孝。
玉衡：司於五鬼、慎防回祿之災、以免焚如之兆。對於婦人、則主小產墮胎之厄、養而難育、承繼爲佳。
司怪：主妖邪姦宄、暗室欺心、作事妄爲、不守法紀、難逃天網、結局身名俱裂、或攖邪症惡病以終。
貫索：一家之內、慘遭冤恩、殺滅祥和、醞釀戾氣、主有牢獄之災、甚至積惡已多、難逃爲法處決。
右十二方、忌高、忌開門、忌牀位、忌灶向等事。

定向圖

吳師青著

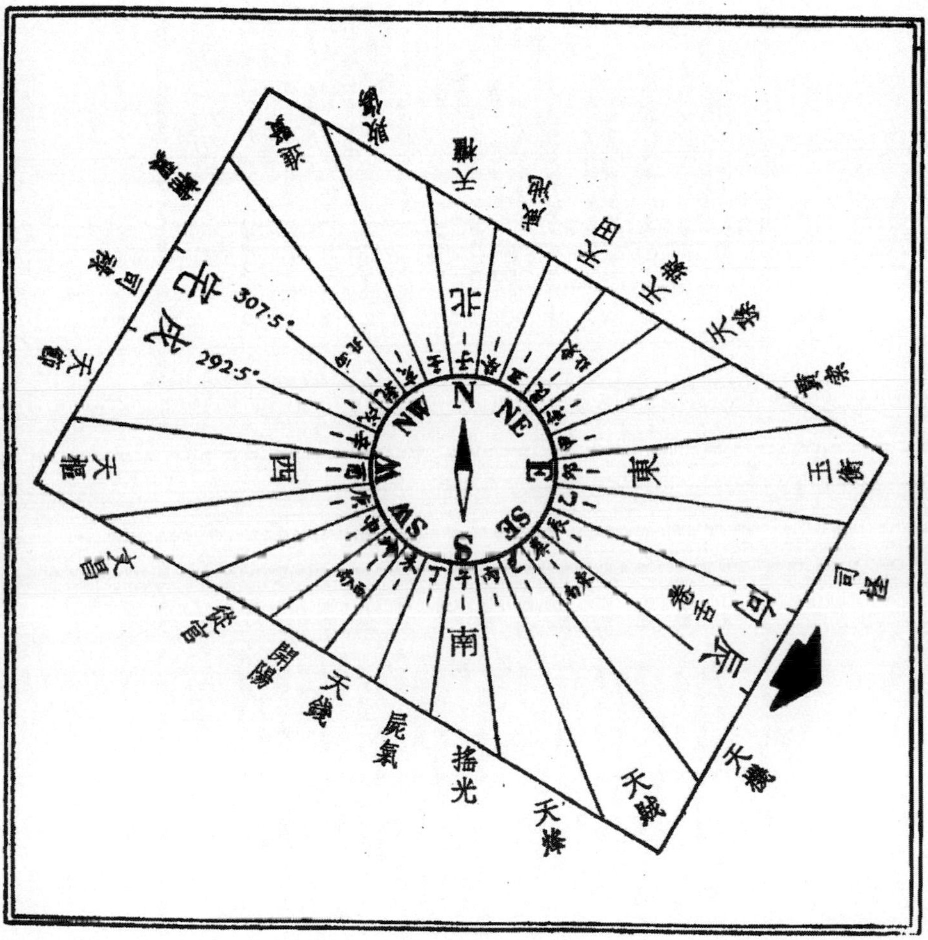

第二十二幅

吉星十二方位

輔弼：即輔翼之義、主獲有力之支持、使本位臻於鞏固、進可以攻、退亦能守、居仁由義、動定宜咸。

進寶：主由正途出身、以所學應用於一生事業、從政經商、均能借乎名重、財丁兩旺、福壽並臻。

司祿：主以文武之資、掌鈞衡之重任、不惟一家一姓之榮、亦繫全國全民之望、聲名顯赫、傳於久遠。

開陽：三陽開泰、萬象光華、且氣周流、康疆逢吉、主家道如日之升、兒孫競秀、光大門閭。

天璇：位臨天乙、常獲上貴提攜、而有錦美譽彰之佳、遇事聰穎、調治如意、一切謀望、名利雙收。

從官：主在各類考試中、可能以第一人入選、否則亦多列前茅、習文能顯謨猷、習武能彰偉烈。

天錢：天賦多才、殷富可期、不勞錢同天降、對於工商各業、無不攸宜。即是偏鋒、投機射利、亦能億則屢中。

天權：主其人天授聰明、早著神童之譽、權操鈞軸、蔚爲宰輔之材。蓋權者、權殺之謂也。

天爵：主氣度雍容、操守嚴正、遇事明於義利之辨。一門孝厚、鄉黨稱賢、福貽孫子。

文曲：主能鑽研學術、融合中西、達到高深造詣。他如書畫、金石、樂理、戲劇、雕塑、及與文藝有關之藝術、亦能取得一定成就。

天孫：主添丁進口、旺子益孫、人多好辦事、家和萬事興、處境安順、快樂遐恒。

天田：主於蠶絲、牧畜、園藝、均可獲利、舉凡經營食品之製造、與向外運銷、其源皆由於田土之惠賚而來也。

右十二吉位、宜高宜大、宜開門、宜牀位、宜灶向等事。

凶星十二方位

搖光：象徵浮光掠影、一瞥即逝。其命主絕、即憑好轉、亦如曇花一現、爲時極暫、財帛聚散無常。

尸氣：尸居餘氣之謂也、主不能善終、或橫死路旁、或受金鐵利器之割傷、而致死亡、比比皆是、雖期正寢、不勝浩歎。

天蜂：主火災、刑傷極重、既刑男、亦尅女、如非遁於僧尼、必致爲鰥爲寡、否則貧窮、無所依靠。

天機：有機械之器者、亦有機動之務者、有機動之務、必有機動之心、機心不常、機鋒可畏、主有禍患。

天賊：佛家語、六賊能刼一切諸善法、故難慎防、盜竊難避、出門則隨時可遇剽掠、倘不被陷害、亦必傷財。

卷舌：舌而能卷、禍從口出、爲厲之階、將因私室唇齒之爭、釀爲公庭對簿之果、故主凶訟、糾紛、終身纏擾不寧。

權曜：坐於六煞之地、委瑣齷齪、門庭卑下、主放蕩淫佚、不齒於鄉里。

咸池：一家之中、男女淫蕩、肆無忌憚、玷辱門楣、敗壞風俗、必招來禍凶災、又主損折小口、或夫妻反目、根基不穩。

敗傷：定主破財、或因經營虧負、或因水火災厄、或因哭累耗財、或因纏訟破產。又主多生女、竟乏嗣續、或兒女不孝。

玉衡：司於五鬼、慎防回祿之災、以免焚如之兆。對於婦人、則主小產墮胎之厄、養而難育、承繼爲佳。

司怪：主妖邪孽祟、暗室欺心、作事妄爲、不守法紀、雖逃天網、結局身名俱裂、或罹邪症惡病以終。

貫索：一家之內、慘遭寡恩、毀滅祥和、釀爲戾氣、主有牢獄之災、甚至積惡已多、難逃爲法處決。

右十二方、忌高、忌開門、忌牀位、忌灶向等事。

定向圖

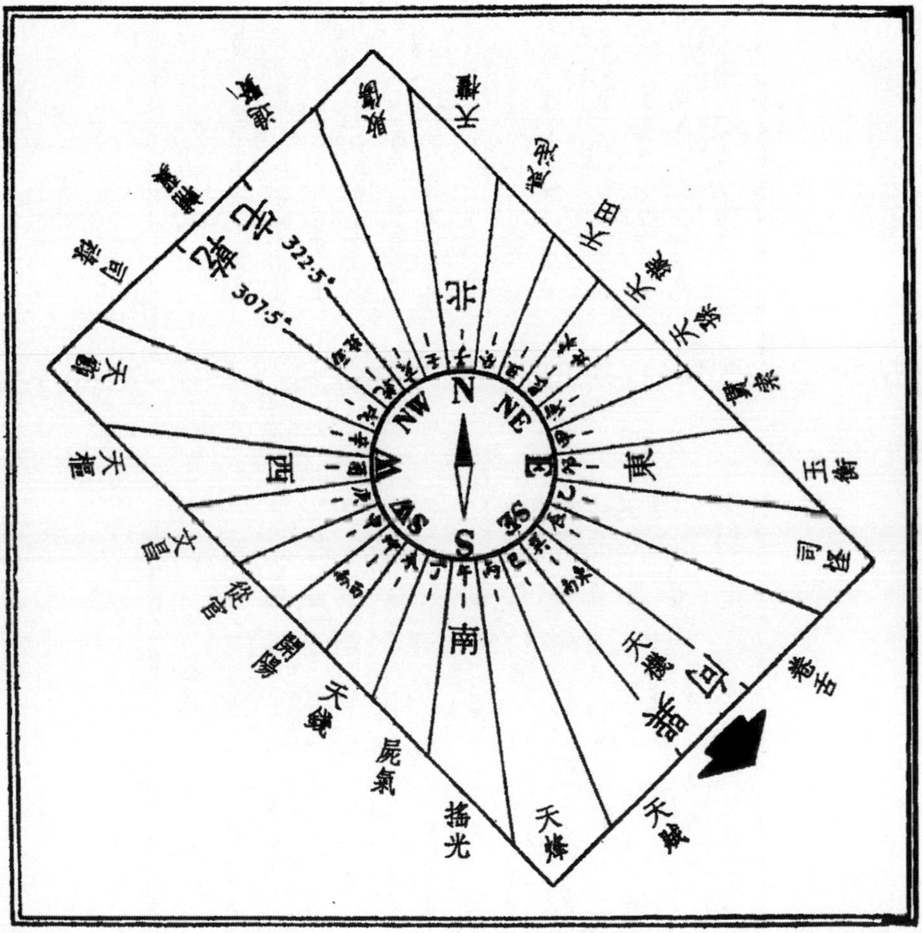

第二十三幅

吉星十二方位

輔弼：即輔翼之義、主獲有力之支持、使本位臻於鞏固、進可以攻、退亦能守、居仁由義、動定宜咸。

進寶：主由正途出身、以所學應用於一生事業、從政經商、均能信孚名重、財丁兩旺、福壽並臻。

司祿：主以文武之業責、掌鈞衡之重任、不惟一家一姓之榮、亦繫全國全民之望、聲名顯赫、傳於久遠。

開陽：三陽開泰、萬象光華、且氣周流、康疆逢吉、主家道如日之升、兒孫競秀、光大門閭。

天璇：位屬天乙、常獲上貴提攜、而有祿奕譽彰之佳、遇事聰穎、調治如意、一切謀望、名利雙收。

從官：主在各類考試中、可能以第一人入選、否則亦多列前茅、習文能顯謨猷、習武能彰儁烈。

天錢：天賦多才、殷富可期、不啻錢同天降、對於工商各業、無不攸宜。即是偏鋒、投機射利、亦能億則屢中。

天樞：主其人天授聰明、早著神童之譽、權操鈞軸、蔚爲宰輔之材、蓋樞者、樞紐之謂也。

天節：主氣度雍容、操守嚴正、遇事明於義利之辨。一門敦厚、鄉黨稱賢、福貽孫子。

文昌：主能鑽研學術、融合中西、達到高深造詣。他如書畫、金石、樂理、戲劇、雕塑、及與文藝有關之藝術、亦能取得一定成就。

天孫：主添丁進口、旺子益孫、人多好辦事、家和萬事興、處境安順、快樂逾恒。

天田：主於農墾、牧畜、園藝、均可獲利、舉凡經營食品之製造、與向外運銷、其源皆由於田土之憑藉而來也。

右十二吉位、宜高宜大、宜開門、宜牀位、宜灶向等事。

凶星十二方位

搖光：象徵浮光掠影、一瞥即逝。其命主絕、即感好轉、亦如曇花一現、爲時極暫、財帛聚散無常。

尸氣：尸居餘氣之謂也、主不能善終、或橫死路斃、或受金鎗利器之創傷、而致死亡、比比皆是、難期正寢、不勝浩歎。

天烽：主火災、刑傷極重、既刑男、亦尅女、如非遁於僧尼、必致爲鰥爲寡、否則貧窮、無所依靠。

天機：有機械之器者、亦有機動之務者、有機動之務、必有機動之心、機心不常、機鋒可畏、主有禍患。

天賊：佛家語、六賊能刼一切諸善法、故雖慎防、盜竊難避、出門則隨時可遇剽掠、倘不被陷害、亦必傷財。

卷舌：舌而能卷、禍從口出、爲厲之階、將因私室唇齒之爭、釀爲公庭對簿之果、故主凶訟、糾紛、終身纏擾不寧。

權曜：坐於六煞之地、委瑣齷齪、門庭卑下、主放蕩淫佚、不齒於鄉里。

咸池：一家之中、男女淫蕩、肆無忌憚、玷辱門楣、敗壞風俗、必招賽禍凶災、又主損折小口、或夫妻反目、根基不穩。

敗傷：定主破財、或因經營虧負、或因水火災厄、或因受累耗財、或因纏訟破產。又主多生女、竟乏嗣續、或兒女不孝。

玉衡：司於五鬼、慎防同綠之災、以免挾如之兆。對於婦人、則主小產墮胎之厄、養而難育、承繼爲佳。

司怪：主妖邪姦宄、暗室欺心、作事妄爲、不守法紀、難逃天網、結局身名俱裂、或攖邪症惡病以終。

貫索：一家之內、慘毒寡恩、毀滅祥和、醞爲戾氣、主有牢獄之災、甚至積惡已多、難逃爲法處決。

右十二方、忌高、忌開門、忌牀位、忌灶向等事。

定向圖

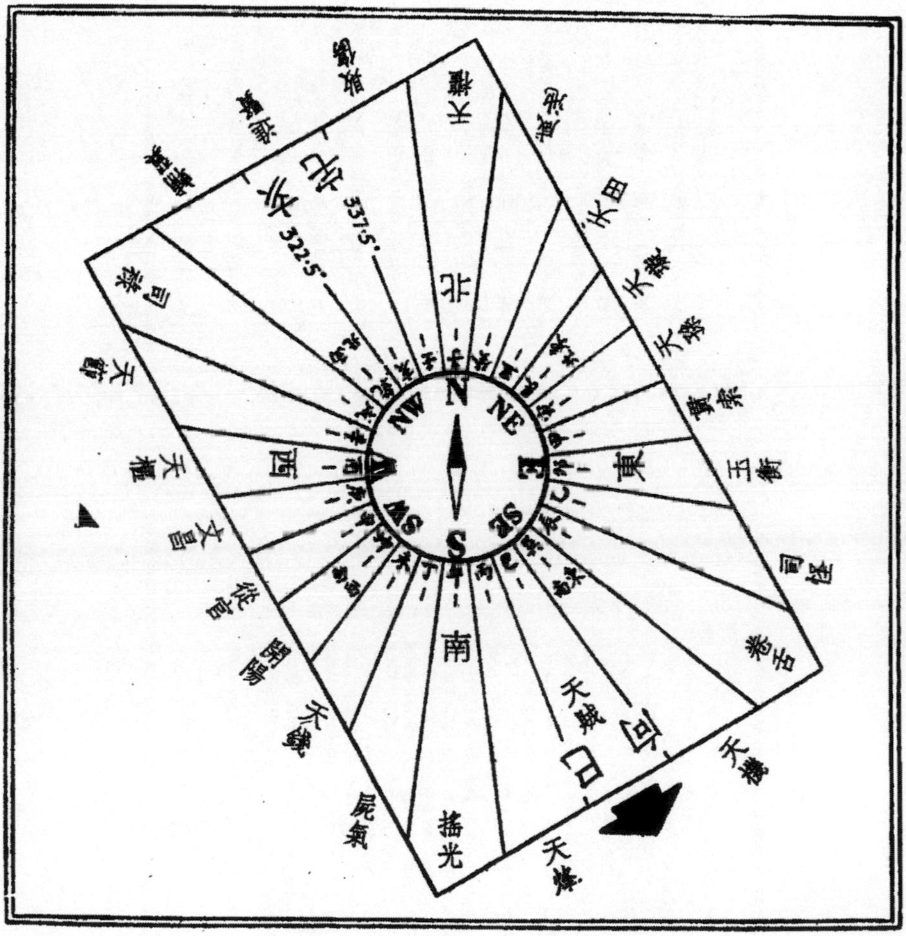

吳師青著

第二十四幅

吉星十二方位

輔翼：即輔翼之義、主獲有力之支持、使本位臻於鞏固、進可以攻、退亦能守、居仁由義、動定咸宜。

進寶：主由正途出身、以所學應用於一生事業、從政經商、均能倍乎名重、財丁兩旺、福壽並臻。

司祿：主以文武之秉賦、掌鈞衡之重任、不惟一家一姓之榮、亦繫全國全民之望、聲名顯赫、傳於久遠。

開陽：三陽開泰、萬象光華、且氣周流、康疆逢吉、主家道如日之升、兒孫競秀、光大門閭。

天璇：位屬天乙、常獲上貴提攜、而有祿美譽彰之佳、遇事聰穎、調治如意、一切謀望、名利雙收。

從官：主在各類考試中、可能以第一人入選、否則亦多列前茅、習文能顯謨猷、習武能彰依烈。

天錢：天賦多才、殷富可期、不啻錢同天降、對於工商各業、無不攸宜、即是偏鋒、投機射利、亦能億則屢中。

天福：主其人天授聰明、早著神童之譽、權操鈞軸、蔚爲宰輔之材、蓋福者、福祉之謂也。

天節：主氣度雍容、操守嚴正、遇事明於義利之辨、一門敦厚、鄉黨稱賢、福貽孫子。

文昌：主能鑽研學術、融合中西、達到高深造詣、他如書畫、金石、樂理、戲劇、雕塑、及與文藝有關之藝術、亦能取得一定成就。

天孫：主添丁進口、旺子綿孫、人多好辦事、家和萬事興、處境安順、快樂逾恆。

天田：主於農墾、牧畜、園藝、均可獲利、舉凡經營食品之製造、與向外運銷、其源皆由於田土之蕃殖而來也。

右十二吉位、宜高宜大、宜開門、宜牀位、宜灶向等事。

凶星十二方位

搖光：象徵浮光掠影、一瞥即逝、其命主絕、即感好轉、亦如曇花一現、爲時極暫、財帛聚散無常。

尸氣：尸居餘氣之謂也、主不能善終、或橫死路衢、或受金鐵利器之創傷、而致死亡、比比皆是、難期正寢、不勝浩歎。

天煞：主火災、刑傷極重、既刑男、亦尅女、如非遁於僧尼、必致爲鰥爲寡、否則貧窮、無所依靠。

天機：有機械之器者、亦有機動之務者、有機動之務、必有機動之心、機心不常、機鋒可畏、主有禍患。

天賊：佛家語、六賊能刼一切諸善法、故雖慎防、盜竊難避、出門則隨時可遇剽掠、倘不被陷害、亦必傷財。

卷舌：舌而能卷、禍從口出、爲厲之階、將因私室唇齒之爭、釀爲公庭對簿之累、故主凶訟、糾紛、終身纏擾不寧。

權曜：坐於六煞之地、委瑣齷齪、門庭卑下、主放蕩淫佚、不齒於鄉黨。

咸池：一家之中、男女淫蕩、肆無忌憚、玷辱門楣、敗壞風俗、必招禍凶災、又主損折小口、或夫妻反目、根基不穩。

敗傷：定主破財、或因經營虧負、或因水火災厄、或因受累耗財、或因纏訟破產。又主多生女、竟乏嗣續、或兒女不孝。

玉衡：司於五鬼、愼防回祿之災、以免挾如之兆。對於婦人、則主小產墮胎之厄、養而難育、承繼爲佳。

司怪：主妖邪姦宄。暗室欺心、作奉妄爲、不守法紀、難逃天網、結局身名俱裂、或擾邪症惡病以終。

貫索：一家之內、修撰寡恩、毀滅群和、釀爲戾氣、主有牢獄之災、甚至積惡已多、難逃爲法處決。

右十二方、忌高、忌開門、忌牀位、忌灶向等事。

出卦圖

吳師青著

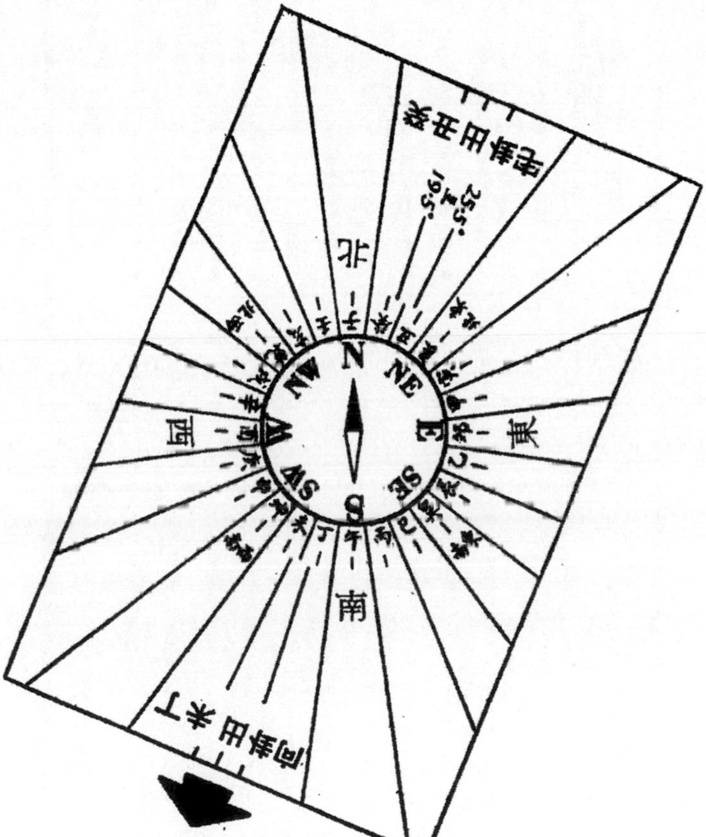

第一幅

吉星十二方位

輔翌：即輔翼之義、主獲有力之支持、使本位鞏於磐固、進可以攻、退亦能守、居仁由義、動定宜緘。

進賢：主由正途出身、以所學應用於一生事業、從政經商、均能佔爭名重、財丁兩旺、福壽並臻。

司祿：主以文武之榮貴、掌鈞衡之重任、不惟一家一姓之榮、亦繫全國全民之望、聲名顯赫、傳於久遠。

開陽：三陽開泰、萬象光華、且氣周流、康彊逢吉、主家道如日之升、兒孫競秀、光大門閭。

天祿：位屬天乙、常獲上賓提攜、而有錦美舂彰之佳、遇事聰穎、調治如意、一切謀望、名利雙收。

從官：主在各類考試中、可能以第一人入選、否則亦多列前茅、習文能顯謨猷、習武能彰偉烈。

天錢：天賦多才、殷富可期、不啻錢同天降、對於工商各業、無不攸宜。即是偏鋒、投機射利、亦能億則屢中。

天樞：主其人天授聰明、早著神童之譽、權操鈞軸、蔚爲宰輔之材、蓋樞者、樞紐之謂也。

天節：主氣度雍容、操守嚴正、遇事明於義利之辨。一門教厚、鄉黨稱賢、福貽孫子。

文曲：主能鑽研學術、融合中西、達到高深造詣。他如書畫、金石、樂理、戲劇、雕塑、及與文藝有關之藝術、亦能取得一定成就。

天孫：主添丁進口、旺子益孫、人多好辦事、家和萬事興、處境安順、快樂逾恒。

天田：主於農墾、牧畜、園藝、均可獲利、舉凡經營食品之製造、與向外運銷、其源皆由於田土之懋藝而來也。

右十二吉位、宜高宜大、宜開門、宜牀位、宜灶向等事。

凶星十二方位

搖光：條倏浮光掠影、一瞥即逝。其命主絕、即感好轉、亦如曇花一現、爲時極暫、財帛聚散無常。

尸氣：尸居餘氣之謂也、主不能善終、或橫死路旁、或受金鐵利器之創傷、而致死亡、比比皆是、雖期正寢、不勝浩歎。

天烽：主火災、刑傷極重、既刑男、亦尅女、如非遁於僧尼、必致爲鰥爲寡、否則貧窮、無所依靠。

天機：有機械之器者、亦有機動之務者、有機動之務、必有機動之心、機心不常、機鋒可畏、主有禍患。

天賊：佛家語、六賊能刼一切諸善法、故難慎防、盜竊難避、出門則隨時可遇剽掠、倘不被陷害、亦必傷財。

卷舌：舌而能卷、禍從口出、爲厲之階、將因私室唇齒之爭、釀爲公庭對簿之累、故主凶訟、糾紛、終身擾攘不寧。

權嘌：坐於六煞之地、委頊觸鍛、門庭卑下、主放蕩淫佚、不齒於鄉里。

咸池：一家之中、男女淫濁、肆無忌憚、玷辱門楣、敗壞風俗、必招來禍凶災、又主損折小口、或夫妻反目、根基不穩。

敗傷：定主破財、或因經營虧負、或因水火災厄、或因受累耗財、或因纏訟破產。又主多生女、竟乏嗣續、或兒女不孝。

玉衡：司於五鬼、愼防回祿之災、以免焚如之兆。對於婦人、則主小產墮胎之厄、養而難育、承繼爲佳。

司怪：主妖邪姦宄。暗室欺心、作事妄爲、不守法紀、難逃天網、結局身名俱裂、或操邪症惡病以終。

貫索：一家之內、慘罹寡恩、毀滅祥和、醞爲戾氣、主有牢獄之災、甚至積惡已多、難逃爲法處決。

右十二方、忌高、忌開門、忌牀位、忌灶向等事。

出卦圖

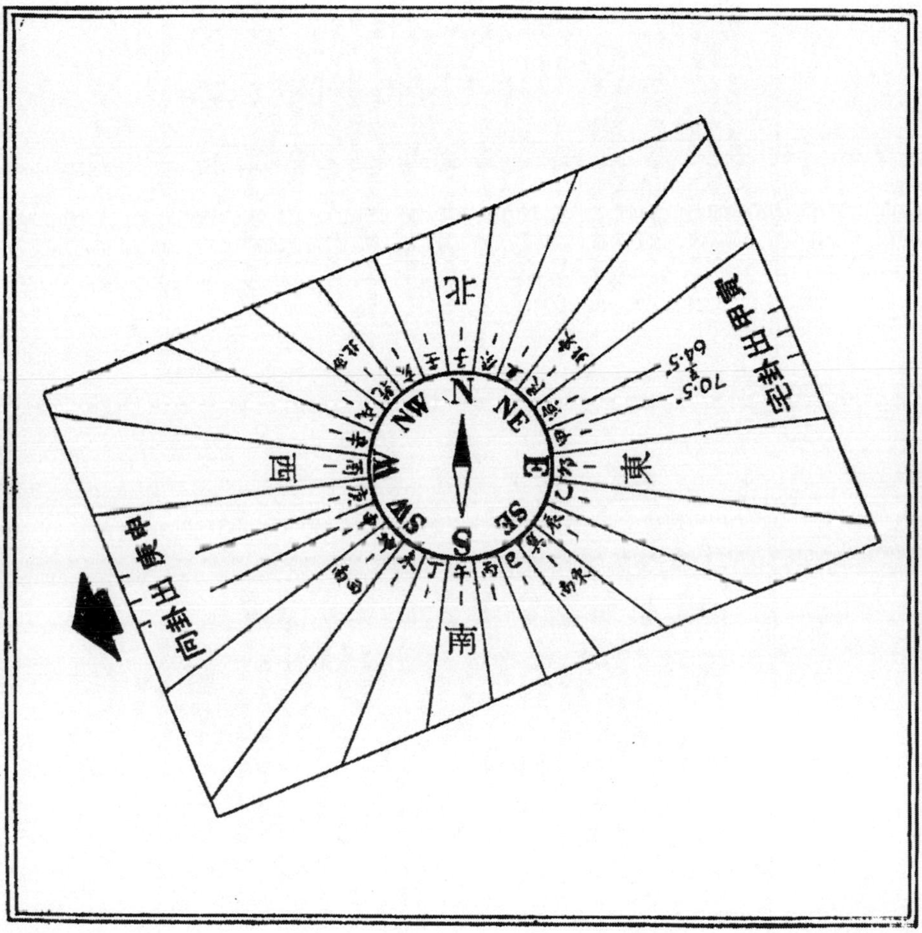

第二幅

吉星十二方位

輔塑：即輔翼之義、主獲有力之支持、使本位臻於鞏固、進可以攻、退亦能守、居仁由義、動定宜咸。

進寶：主由正途出身、以所學應用於一生事業、從政經商、均能借學名重、財丁兩旺、福壽並臻。

司祿：主以文武之責、掌鈞衡之重任、不惟一家一姓之榮、亦繫全國全民之望、聲名顯赫、傳於久遠。

開陽：三陽開泰、萬象光華、且氣周流、康彊逢吉、主家道如日之升、兒孫競秀、光大門閭。

天祿：位屬天乙、常獲上貴提攜、而有錦美睿彰之佳、遇事聰穎、調治如意、一切謀望、名利雙收。

從官：主在各類考試中、可能以第一人入選、否則亦多列前茅、習文能顯謨猷、習武能彰俠烈。

天錢：天賦多才、殷富可期、不啻錢同天降、對於工商各業、無不攸宜。即是偏鋒、投機射利、亦能億則屢中。

天福：主其人天授聰明、早著神童之譽、權操鈞軸、蔚爲宰輔之材。盖福者、福祿之謂也。

天節：主氣度雍容、操守嚴正、遇事明於義利之辨。一門敦厚、鄉黨稱賢、福貽孫子。

文墨：主能鑽研學術、融合中西、達到高深造詣。他如書畫、金石、樂理、戲劇、雕塑、及與文藝有關之藝術、亦能取得一定成就。

天孫：主添丁進口、旺子益孫、人多好辦事、家和萬事興、處境安順、快樂逾恒。

天田：主於農墾、牧畜、園藝、均可獲利、舉凡經營食品之製造、與向外運銷、其源皆由於田土之惠賚而來也。

右十二吉位、宜高宜大、宜開門、宜牀位、宜灶向等事。

凶星十二方位

搖光：像徵浮光掠影、一瞥即逝。其命主絕、即感好轉、亦如曇花一現、爲時極暫、財帛聚散無常。

尸氣：尸居餘氣之謂也、主不能善終、或橫死路旁、或受金鐵利器之創傷、而致死亡、比比皆是、雖期正寢、不勝浩歎。

天烽：主火災、刑傷極重、既刑男、亦尅女、如非遁於僧尼、必致爲餓爲莩、否則貧窮、無所依靠。

天機：有機械之器者、亦有機動之務者、有機動之務、必有機動之心、機心不常、機鋒可畏、主有禍患。

天賊：佛家語、六賊能刼一切諸善法、故雖慎防、盜竊難避、出門則隨時可遇剽掠、倘不被陷害、亦必傷財。

捲舌：舌而能捲、禍從口出、爲厲之階、將因私室唇齒之爭、釀爲公庭對簿之累、故主凶訟、糾紛、終身纏擾不寧。

權曜：坐於六煞之地、委瑣齷齪、門庭卑下、主放蕩淫佚、不齒於鄉里。

咸池：一家之中、男女淫蕩、肆無忌憚、玷辱門楣、敗壞風俗、必招喪禍凶災、又主損折小口、或夫妻反目、根基不穩。

敗傷：定主破財、或因經營虧負、或因水火災厄、或因受累耗財、或因纏訟破產。又主多生女、竟乏嗣續、或兒女不孝。

玉衡：司於五鬼、慎防回祿之災、以免焚如之兆。對於婦人、則主小產墮胎之厄、養而難育、承繼爲佳。

司怪：主妖邪姦宄。暗室欺心、作事妄爲、不守法紀、難逃天網、結局身名俱裂、或纏邪症惡病以終。

貫索：一家之內、慘礉寡恩、毀滅祥和、醞爲戾氣、主有牢獄之災、甚至積惡已多、難逃爲法處決。

右十二方、忌高、忌開門、忌牀位、忌灶向等事。

出卦圖

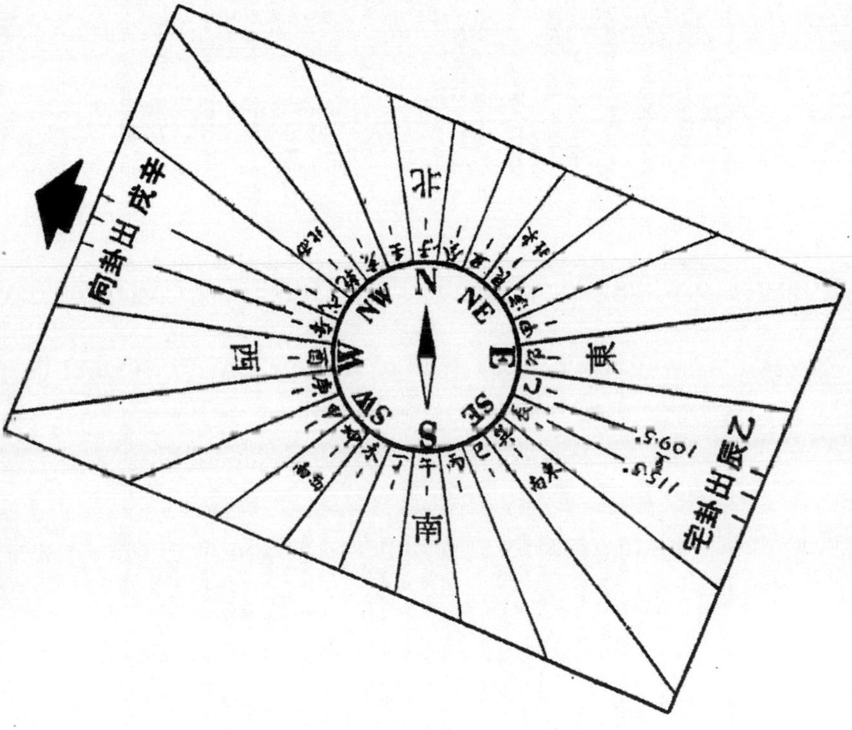

第三幅

吉星十二方位

輔弼：即輔翼之義、主獲有力之支持、使本位臻於鞏固、進可以攻、退亦能守、居仁由義、動定咸宜。

進賢：主由正途出身、以所學應用於一生事業、從政經商、均能信孚名重、財丁兩旺、福爵並臻。

司祿：主以文武之兼資、掌鈞衡之重任、不惟一家一姓之榮、亦繫全國全民之望、聲名顯赫、傳於久遠。

開陽：三陽開泰、萬象光華、且氣周流、康彊逢吉、主家道如日之升、兒孫競秀、光大門閭。

天璇：位屬天乙、常獲上貴提攜、而有錦美豐彩之佳、遇事聰穎、調治如意、一切謀望、名利雙收。

從富：主在各類考試中、可能以第一人入選、否則亦多列前茅、習文能顯謨猷、習武能彰俠烈。

天錢：天賦多才、殷富可期、不啻錢同天降、對於工商各業、無不攸宜。即是偏鋒、投機射利、亦能億則屢中。

天福：主其人天授聰明、早著神童之譽、權操鈞軸、蔚爲宰輔之材、遙福者、福祉之謂也。

天節：主氣度雍容、操守嚴正、遇事明於義利之辨。一門敦厚、鄉黨稱賢、福貽孫子。

文曲：主能鑽研學術、融合中西、達到高深造詣。他如書畫、金石、樂理、戲劇、雕塑、及與文藝有關之藝術、亦能取得一定成就。

天孫：主添丁進口、旺子益孫、人多好辦事、家和萬事興、處境安順、快樂逾恒。

天田：主於農墾、牧畜、園藝、均可獲利、舉凡經營食品之製造、與向外運銷、其源皆由於田土之惡蹟而來也。

右十二吉位、宜高宜大、宜開門、宜牀位、宜灶向等事。

凶星十二方位

搖光：象徵浮光掠影、一瞥即逝。其命主絕、即慼好轉、亦如曇花一現、爲時極暫、財帛聚散無常。

尸氣：尸居餘氣之謂也、主不能善終、或橫死路斃、或受金鐵利器之創傷、而致死亡、比比皆是、雖期正寢、不勝浩歎。

天烽：主火災、刑傷極重、既剋男、亦剋女、如非遁於僧尼、必致爲鰥爲寡、否則貧窮、無所依靠。

天機：有機械之器者、亦有機動之務者、有機動之務、必有機動之心、機心不常、機鋒可畏、主有禍患。

天賊：佛家語、六賊能劫一切諸善法、故雖慎防、盜竊難避、出門則隨時可遇剽掠、倘不被陷害、亦必傷財。

卷舌：舌而能卷、禍從口出、爲厲之階、將因私室唇齒之爭、釀爲公庭對簿之累、故主囚訟、糾紛、終身纏擾不寧。

權曜：坐於六煞之地、委瑣齷齪、門庭卑下、主放蕩淫佚、不齒於鄉黨。

咸池：一家之中、男女淫蕩、肆無忌憚、玷辱門楣、敗壞風俗、必招喪禍凶災、又主損折小口、或夫妻反目、根基不穩。

敗傷：定主破財、或因經營虧負、或因水火災厄、或因受累耗財、或因纏訟破產。又主多生女、竟乏綱積、或兒女不孝。

玉衡：司於五鬼、慎防回祿之災、以免焚如之兆。對於婦人、則主小產墮胎之厄、養而難育、承繼爲佳。

司怪：主妖邪姦宄。暗室欺心、作事妄爲、不守法紀、難逃天網、結局身名俱裂、或攖邪症惡病以終。

貫索：一家之內、慘毒寡恩、毀滅鞠和、醞爲戾氣、主有牢獄之災、甚至積惡已多、難逃爲法處決。

右十二方、忌高、忌開門、忌牀位、忌灶向等事。

出卦圖

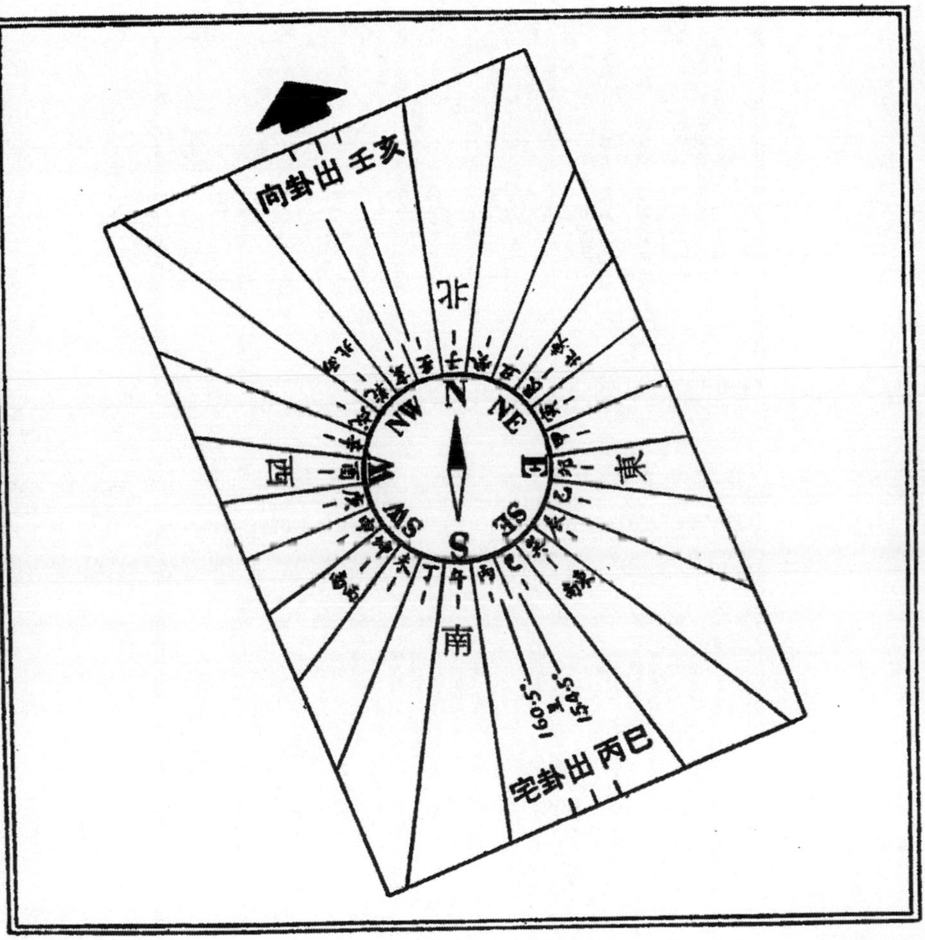

第四幅

吉星十二方位

輔弼：即輔弼之義、主獲有力之支持、使本位臻於鞏固、進可以攻、退亦能守、居仁由義、動定咸宜。

進賢：主由正途出身、以所學應用於一生事業、從政經商、均能循乎名重、財丁兩旺、顯爵並臻。

司祿：主以文武之業資、膺鈞衡之重任、不惟一家一姓之榮、亦繫全國全民之望、聲名顯赫、傳於久遠。

開陽：三陽開泰、萬象光華、且氣周流、康强逢吉、主家道如日之升、兒孫競秀、光大門閭。

天璇：位屬天乙、常蒙上貴提攜、而有錦美譽彰之佳、遇事聰穎、調冶如意、一切謀望、名利雙收。

從官：主在各類考試中、可能以第一人入選、否則亦多列前茅、習文能顯謨猷、習武能彰倬烈。

天錢：天賦多才、殷富可期、不啻錢同天降、對於工商各業、無不攸宜。即是儲蓄、投機射利、亦能億則屢中。

天樞：主其人天授聰明、早著神童之譽、權操鈞軸、爵為宰輔之材。蓋樞者、樞紐之謂也。

天節：主氣度雍容、操守嚴正、遇事明於義利之辨。一門敦厚、鄉黨稱賢、福貽孫子。

文曲：主能鑽研學術、融合中西、達到高深造詣。他如書畫、金石、樂理、戲劇、雕塑、及與文藝有關之藝術、亦能取得一定成就。

天孫：主添丁進口、旺子益孫、人多好辦事、家和萬事興、處境安順、快樂逾恒。

天田：主於農墾、牧畜、園藝、均可獲利、舉凡經營食品之製造、與向外運銷、其源皆由於田土之惠賜而來也。

右十二吉位、宜高宜大、宜開門、宜牀位、宜灶向等事。

凶星十二方位

搖光：象徵浮光掠影、一瞥即逝。其命主絕、即感好轉、亦如曇花一現、爲時極暫、財帛聚散無常。

尸氣：尸居餘氣之謂也、主不能善終、或橫死路旁、或受金鎗利器之創傷、而致死亡、比比皆是、雖期正寢、不勝浩歎。

天蜂：主火災、刑傷極重、既刑男、亦尅女、如非遁於僧尼、必致爲鰥爲寡、否則貧窮、無所依靠。

天機：有機械之器者、亦有機動之務者、有機動之務、必有機動之心、機心不常、機鋒可畏、主有禍患。

天賊：佛家語、六賊能刼一切諸善法、故雖慎防、盜竊難避、出門則隨時可遇剽掠、倘不被陷害、亦必傷財。

卷舌：舌而能卷、禍從口出、爲厲之階、將因私室脣齒之爭、釀爲公庭對簿之累、故主囚訟、糾紛、終身擾攘不寧。

權暇：坐於六煞之地、委瑣齷齪、門庭卑下、主放蕩淫佚、不齒於鄉黨。

咸池：一家之中、男女淫蕩、肆無忌憚、玷辱門楣、敗壞風俗、必招致禍凶災、又主損折小口、或夫妻反目、根基不穩。

敗傷：定主破財、或因經營虧負、或因水火災厄、或因受累耗財、或因纏訟破產。又主多生女、竟乏嗣續、或兒女不孝。

玉衡：司於五鬼、慎防回祿之災、以免焚如之兆。對於婦人、則主小產墮胎之厄、養而難育、承繼爲佳。

司怪：主妖邪姦宄、暗室欺心、作事妄爲、不守法紀、難逃天網、結局身名俱裂、或擾邪症惡病以終。

貫索：一家之內、慘刻寡恩、毀滅祥和、釀爲戾氣、主有牢獄之災、甚至積惡已多、難逃爲法處決。

右十二方、忌高、忌開門、忌牀位、忌灶向等事。

出卦圖

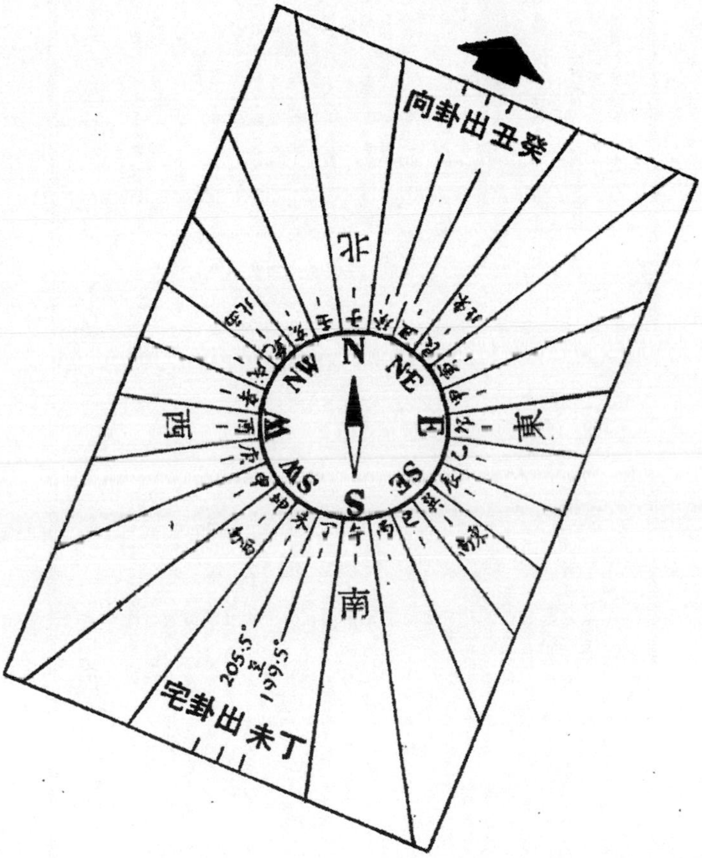

第五幅

吉星十二方位

輔翌：即輔翼之義、主獲有力之支持、使本位臻於鞏固、進可以攻、退亦能守、居仁由義、動定宜咸。

進賢：主由正途出身、以所學應用於一生事業、從政經商、均能信孚名重、財丁兩旺、福壽並臻。

司祿：主以文武之發貴、掌鈞衡之重任、不惟一家一姓之榮、亦繫全國全民之望、聲名顯赫、傳於久遠。

開陽：三陽開泰、萬象光華、且氣周流、康疆逢吉、主家道如日之升、兒孫競秀、光大門閭。

天璇：位屬天乙、常獲上貴提攜、而有榮美譽彰之佳、遇事聰穎、調治如意、一切謀望、名利雙收。

從官：主在各類考試中、可能以第一人入選、否則亦多列前茅、習文能顯謨猷、習武能彰偉烈。

天錢：天賦多才、殷富可期、不啻錢同天降、對於工商各業、無不攸宜。即是偏鋒、投機射利、亦能億則屢中。

天福：主其人天授聰明、早著神童之譽、權操鈞軸、蔚爲宰輔之材、蓋福者、福祉之謂也。

天節：主氣度雍容、操守嚴正、遇事明於義利之辨。一門敦厚、鄉黨稱賢、福貽孫子。

文昌：主能鑽研學術、融合中西、達到高深造詣。他如書畫、金石、樂理、戲劇、雕塑、及與文藝有關之藝術、亦能取得一定成就。

天孫：主添丁進口、旺子益孫、人多好辦事、家和萬事興、處境安順、快樂滋恒。

天田：主於農墾、牧畜、園藝、均可獲利、舉凡經營食品之製造、與向外運銷、其源皆由於田土之懋藝而來也。

右十二吉位、宜高宜大、宜開門、宜牀位、宜灶向等事。

凶星十二方位

搖光：係微浮光掠影、一瞥即逝、其命主絕、即感好轉、亦如曇花一現、爲時極暫、財帛聚散無常。

尸氣：尸居餘氣之謂也、主不能善終、或橫死路衢、或受金鐵利器之創傷、而致死亡、比比皆是、雖期正寢、不勝浩歎。

天孀：主火災、刑傷極重、旣刑男、亦尅女、如非遁於僧尼、必致爲鰥爲寡、否則貧窮、無所依靠。

天機：有機械之器者、亦有機動之務者、有機動之務、必有機動之心、機心不常、機鋒可畏、主有禍患。

天賊：佛家語、六賊能刼一切諸善法、故雖愼防、盜竊難免、出門則隨時可遇剽掠、倘不被陷害、亦必傷財。

捲舌：舌而能捲、禍從口出、爲厲之階、將因私室居齒之爭、釀爲公庭對簿之累、故主凶訟、糾紛、終身纏擾不寧。

權曜：坐於六煞之地、委瑣齷齪、門庭卑下、主放蕩淫佚、不齒於鄉里。

咸池：一家之中、男女淫蕩、肆無忌憚、玷辱門楣、敗壞風俗、必招變禍凶災、又主損折小口、或夫妻反目、根基不穩。

敗傷：定主破財、或因經營虧蝕、或因水火災厄、或因受累耗財、或因纏訟破產。又主多生女、竟乏嗣續、或兒女不孝。

玉衡：司於五鬼、愼防同條之災、以免焚如之兆。對於婦人、則主小產墮胎之厄、養而難育、承繼爲佳。

司怪：主妖邪姦宄。暗室欺心、作事妄爲、不守法紀、難逃天網、結局身名俱裂、或罹邪症惡病以終。

貫索：一家之內、慘罹寡恩、殘滅祥和、釀爲戾氣、主有牢獄之災、甚至積惡已多、難逃爲法處決。

右十二方、忌高、忌開門、忌牀位、忌灶向等事。

出卦圖

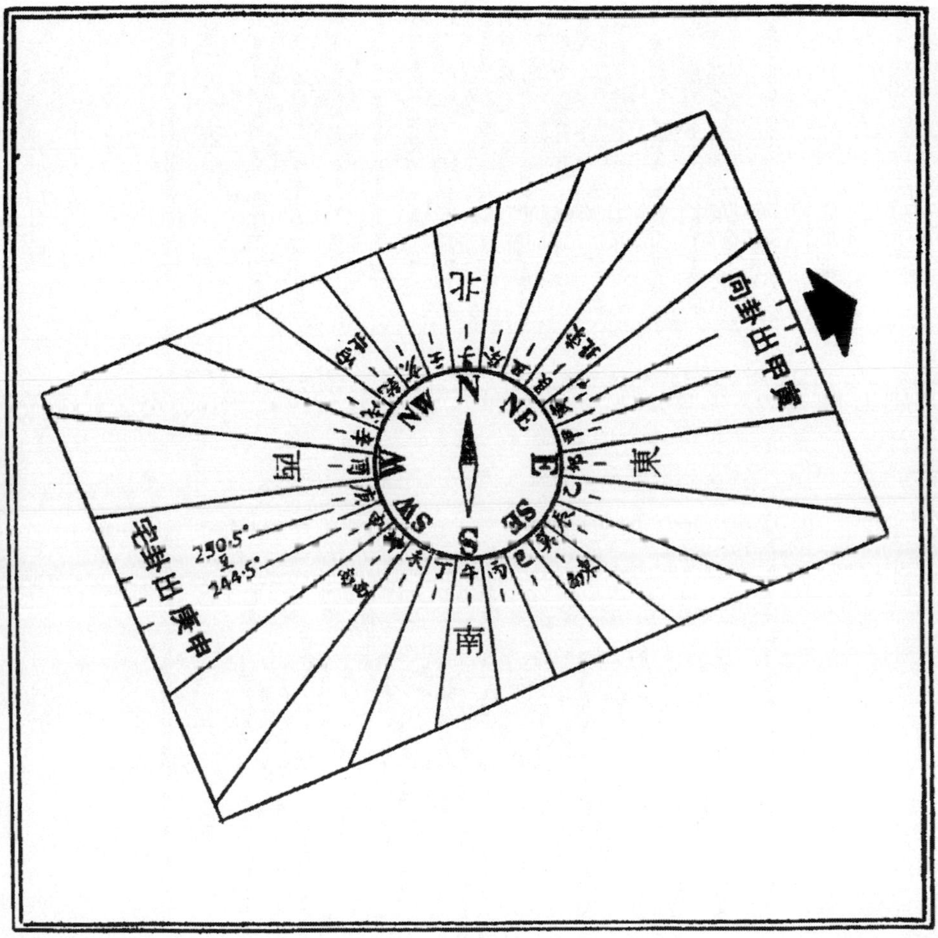

第六幅

吉星十二方位

輔翌：即輔翼之義，主獲有力之支持，使本位臻於鞏固，進可以攻、退亦能守，居仁由義，動定宜咸。

進寶：主由正途出身，以所學應用於一生事業，從政經商，均能信孚名重，財丁兩旺，福壽並臻。

司祿：主以文武之發貴，掌鈞衡之重任，不惟一家一姓之榮，亦繫全國全民之望，聲名顯赫，傳於久遠。

開陽：三陽開泰，萬象光華，且氣周流，康疆逢吉，主家道如日之升，兒孫競秀，光大門閭。

天璇：位屬天乙，常獲上貴提攜，而有錦美譽彰之佳，遇事聰穎，調治如意，一切謀望，名利雙收。

從官：主在各類考試中，可能以第一人入選，否則亦多列前茅，習文能顯謀猷，習武能彰偉烈。

天錢：天賦多才，殷富可期，不啻錢同天降，對於工商各業，無不攸宜，即是偏鋒，投機射利，亦能億則屢中。

天權：主其人天授聰明，早著神童之譽，權操鈞軸，蔚為宰輔之材，蓋福衛、樞紐之謂也。

天節：主氣度雍容，操守嚴正，遇事明於義利之辨，一門敦厚，鄉黨稱賢，福貽孫子。

文曲：主能鑽研學術，融合中西，達到高深造詣，他如書畫、金石、樂理、戲劇、雕塑、及與文藝有關之藝術，亦能取得一定成就。

天孫：主添丁進口，旺子益孫，人多好辦事，家和萬事興，處境安順，快樂逾恒。

天田：主於農藝、牧畜、園藝，均可獲利，舉凡經營食品之製造、與向外運銷，其源皆由於田土之惠務而來也。

右十二吉位，宜高、宜大，宜開門，宜牀位，宜灶向等事。

凶星十二方位

搖光：像徵浮光掠影，一瞥即逝，其命主絕，即感好轉，亦如曇花一現，為時極暫，財帛聚散無常。

尸氣：尸居餘氣之謂也，主不能善終，或橫死路難，或受金鐵利器之刑傷，而致死亡，比比皆是，難期正寢，不勝浩歎。

天烽：主火災，刑傷極重，既刑男，亦尅女，如非遁於僧尼，必致為鰥為寡，否則貧窮，無所依靠。

天機：有機械之器者，亦有機動之務者，有機動之務，必有機動之心，機心不常，機鋒可畏，主有禍患。

天賊：佛家語，六賊能刼一切諸善法，故雖慎防，盜竊難避，出門則隨時可遇剽掠，倘不被陷害，亦必傷財。

卷舌：舌而能卷，禍從口出，為厲之階，將因私室唇齒之爭，釀為公庭對簿之累，故主凶訟，糾紛，終身纏擾不寧。

權曜：坐於六煞之地，委頓齷齪，門庭卑下，主放蕩淫佚，不齒於鄉黨。

咸池：一家之中，男女淫蕩，肆無忌憚，玷辱門楣，敗壞風俗，必招爽禍凶災，又主損折小口，或夫妻反目，根基不穩。

敗傷：定主破財，或因經營虧負，或因水火災厄，或因受累耗財，或因纏訟破產，又主多生女，竟乏嗣續，或兒女不孝。

玉衡：司於五鬼，慎防回祿之災，以免焚如之兆，對於婦人，則主小產墮胎之厄，養而難育，承繼為佳。

司怪：主妖邪姦宄，暗室欺心，作事妄為，不守法紀，難逃天網，結局身名俱裂，或患邪症惡病以終。

貫索：一家之內，慘遭寡恩，毀滅祥和，醞為戾氣，主有牢獄之災，甚至積惡已多，難逃為法處決。

右十二方，忌高、忌開門、忌牀位、忌灶向等事。

出卦圖

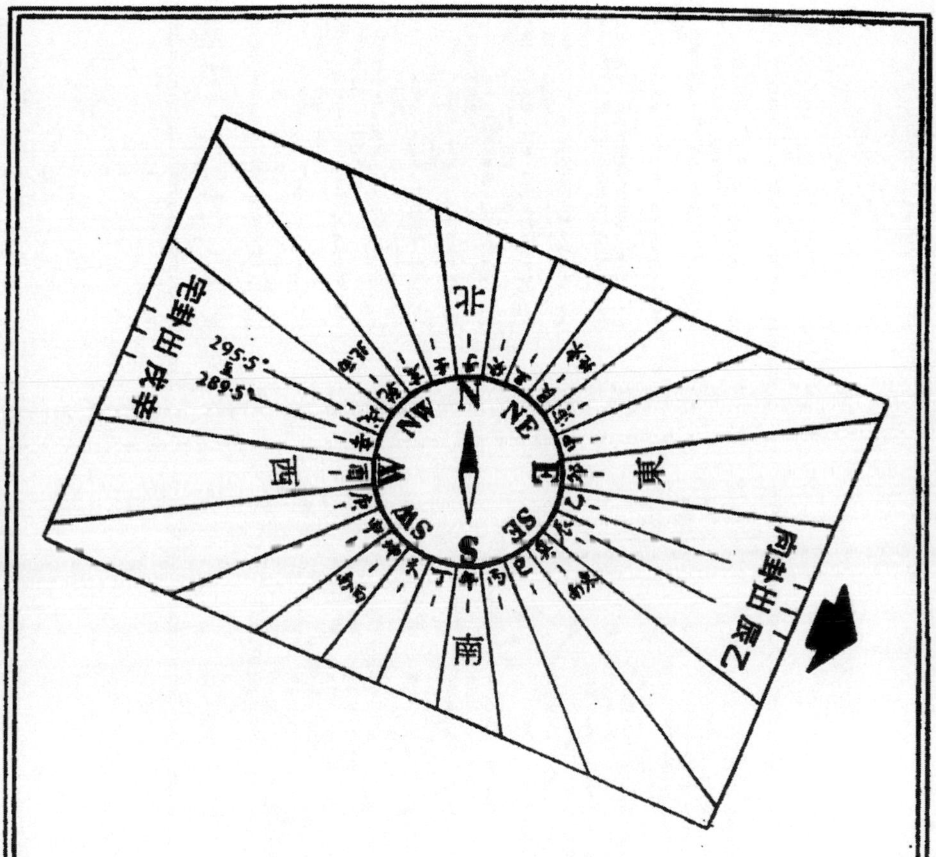

第七幅

吉星十二方位

輔翌：即輔翼之義、主獲有力之支持、使本位臻於鞏固、進可以攻、退亦能守、居仁由義、動定宜威。

進寶：主由正途出身、以所學應用於一生事業、從政經商、均能偕乎名重、財丁兩旺、福壽並臻。

司祿：主以文武之秉賦、掌鈞衡之重任、不惟一家一姓之榮、亦蒙全國全民之望、聲名顯赫、傳於久遠。

開陽：三陽開泰、萬象光華、且氣周流、康疆逢吉、主家道如日之升、兒孫競秀、光大門閭。

天璇：位屬天乙、常獲上貴提攜、而有祿美譽彰之佳、遇事聰穎、調治如意、一切謀望、名利雙收。

從官：主在各類考試中、可能以第一人入選、否則亦多列前茅、習文能顯韜猷、習武能彪傳烈。

天錢：天賦多才、致富可期、不啻錢同天降、對於工商各業、無不攸宜。即是偏鋒、投機射利、亦能億則屢中。

天福：主其人天授聰明、早著神童之譽、權操鈞軸、蔚爲宰輔之材。蓋福者、福祉之謂也。

天節：主氣度雍容、操守嚴正、遇事明於義利之辨。一門敦厚、鄉黨稱賢、福貽孫子。

文昌：主能鑽研學術、融合中西、達到高深造詣。他如書畫、金石、樂理、戲劇、雕塑、及與文藝有關之藝術、亦能取得一定成就。

天孫：主添丁進口、旺子益孫、人多好辦事、家和萬事興、處境安順、快樂逾恒。

天田：主於農墾、牧畜、園藝、均可獲利、舉凡經營食品之製造、與向外運銷、其源皆由於田土之蕃殖而來也。

右十二吉位、宜高宜大、宜開門、宜牀位、宜灶向等事。

凶星十二方位

搖光：象徵浮光掠影、一瞥即逝。其命主絕、即感好轉、亦如曇花一現、爲時極暫、財帛聚散無常。

尸氣：尸居餘氣之謂也、主不能善終、或橫死路旁、或受金鐵利器之創傷、而致死亡、比比皆是、難期正寢、不勝浩歎。

天妖：主火災、刑傷極重、既刑男、亦尅女、如非遁於僧尼、必致爲鰥爲寡、否則貧窮、無所依靠。

天機：有機械之器者、亦有機動之務者、有機動之務、必有機動之心、機心不常、機鋒可畏、主有禍患。

天賊：佛家語、六賊能刼一切善法、故雖慎防、盜竊難避、出門則隨時可遇剽掠、倘不被陷害、亦必傷財。

卷舌：舌而能卷、禍從口出、爲厲之階、將因私室唇齒之爭、釀爲公庭對簿之累、故主凶訟、糾紛、終身纏擾不寧。

權曜：坐於六煞之地、委瑣齷齪、門庭卑下、主放蕩淫佚、不齒於鄉里。

咸池：一家之中、男女淫蕩、肆無忌憚、玷辱門楣、敗壞風俗、必招衰禍凶災、又主損折小口、或夫妻反目、根基不穩。

敗傷：定主破財、或因經營虧負、或因水火災厄、或因哭喪耗財、或因纏訟破產。又主多生女、竟乏嗣續、或兒女不孝。

玉衡：司於五鬼、慎防回祿之災、以免突如之兆。對於婦人、則主小產墮胎之厄、養而難育、承繼爲佳。

司怪：主妖邪姦宄。暗室欺心、作事妄爲、不守法紀、難逃天網、結局身名俱裂、或攖邪症惡病以終。

貫索：一家之內、慘毒寡恩、毀滅祥和、醞爲戾氣、主有牢獄之災、甚至積惡已多、難逃爲法處決。

右十二方、忌高、忌開門、忌牀位、忌灶向等事。

出卦圖

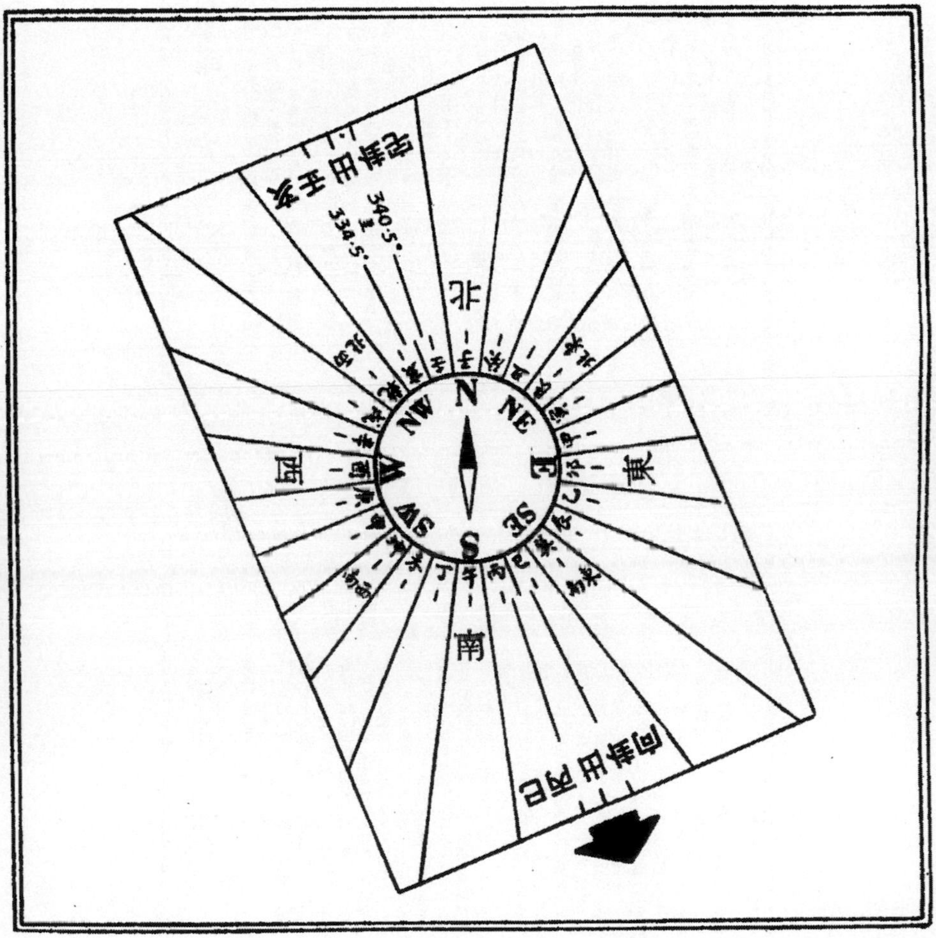

第八幅

吉星十二方位

輔翌：即輔翼之義、主獲有力之支持、使本位臻於鞏固、進可以攻、退亦能守、居仁由義、動定宜咸。

進賢：主由正途出身、以所學應用於一生事業、從政經商、均能倍孚名重、財丁兩旺、福壽並臻。

司祿：主以文武之兼資、掌鈞衡之重任、不惟一家一姓之榮、亦繫全國全民之望、聲名顯赫、傳於久遠。

開陽：三陽開泰、萬象光華、且氣周流、康疆逢吉、主家道如日之升、兒孫競秀、光大門閭。

天璇：位屬天乙、常蒙上貴提攜、而有赫奕書彰之佳、遇事聰穎、調治如意、一切謀望、名利雙收。

從官：主在各類考試中、可能以第一人入選、否則亦多列前茅、習文能顯謨猷、習武能彰偉烈。

天錢：天賦多才、股當可期、不啻錢同天降、對於工商各業、無不攸宜。即是偏鋒、投機射利、亦能億則屢中。

天福：主其人天授聰明、早著紳童之譽、權操鈞軸、蔚爲宰輔之材、益福者、福祉之謂也。

天節：主氣度雍容、操守嚴正、遇事明於義利之辨。一門敦厚、鄉黨稱賢、福貽孫子。

文昌：主能鑽研學術、融合中西、達到高深造詣。他如書畫、金石、樂理、戲劇、雕塑、及與文藝有關之藝術、亦能取得一定成就。

天孫：主添丁進口、旺子益孫、人多好辦事、家和萬事興、處境安順、快樂逾恒。

天田：主於農藝、牧畜、園藝、均可獲利、舉凡經營食品之製造、與向外運銷、其源皆由於田土之懇藝而來也。

右十二吉位、宜高宜大、宜開門、宜牀位、宜灶向等事。

凶星十二方位

搖光：象徵浮光掠影、一瞥即逝。其命主短、即感好轉、亦如曇花一現、爲時極暫、財帛聚散無常。

尸氣：尸居餘氣之謂也、主不能善終、或橫死路旁、或受金鐵利器之創傷、而致死亡、比比皆是、難期正寢、不勝浩歎。

天烽：主火災、刑傷極重、既刑男、亦尅女、如非遁於僧尼、必致爲謀爲寡、否則貧窮、無所依靠。

天機：有機械之器者、亦有機動之務者、有機動之務、必有機動之心、機心不常、機鋒可畏、主有禍患。

天賊：佛家語、六賊能刼一切諸善法、故雖慎防、盜竊難避、出門則隨時可遇剽掠、倘不被陷害、亦必傷財。

卷舌：舌而能卷、禍從口出、爲厲之階、將因私室唇齒之爭、釀爲公庭對簿之累、故主凶訟、糾紛、終身纏擾不寧。

權曜：坐於六煞之地、委瑣齷齪、門庭卑下、主放蕩淫佚、不齒於鄉里。

咸池：一家之中、男女淫蕩、肆無忌憚、玷辱門楣、敗壞風俗、必招喪禍凶災、又主損折小口、或夫妻反目、根基不穩。

敗傷：定主破財、或因經營虧負、或因水火災厄、或因受累耗財、或因纏訟破產。又主多生女、竟乏嗣續、或兒女不孝。

玉衡：司於五鬼、愼防回祿之災、以免狡如之兆。對於婦人、則主小產墮胎之厄、養而難育、承繼爲佳。

司怪：主妖邪姦宄。暗室欺心、作事妄爲、不守法紀、難逃天網、結局身名俱裂、或搆邪症惡病以終。

貫索：一家之內、慘遭窮恩、毀滅祥和、醞爲戾氣、主有牢獄之災、甚至積惡已多、難逃爲法處決。

右十二方、忌高、忌開門、忌牀位、忌灶向等事。

（乙）定向圖二十四幅用法

以普通指南針、對該圖之指南針、校定南北。南北既定、以右手按住定向圖、不可移動、或以鉛筆畫定該書週圍之東西南北線。然後以手按住、將定向圖逐頁檢對、看該宅與第幾圖相符、卽爲該宅之磁針坐向、在北緯二十五度以下、如無鋼鐵影響自差、均可權用。

若現代新式樓宇、多用鋼鐵建築者、用指南針則有受鋼鐵之威脅、故須以日景羅經爲準。

（丙）出卦圖八幅釋義

凡新建樓宇定向、須要避凶線、蓋出卦則爲凶宅。

茲將凶宅方位度數劃出、分繪八圖。使人一覽而知、不須另行推算。案出卦圖八凶線、乃顛狂之龍向也、如丑兼癸、癸兼丑（在指南針由十九度半至二十五度半）、未兼丁、丁兼未（在指南針由一百九十九度半至二百零五度半）、戌兼辛、辛兼戌（在指南針二百八十九度半至二百九十五度半）、辰兼乙、乙兼辰（在指南針由一百零九度半至一百一十五度半）四局。是挨星法翻天而不可翻天、係雄中之逆雌也。壬兼亥、亥兼壬（在指南針由三百三十四度半至三百四十度零半）、丙兼巳、巳兼丙（在指南針由一百五十四度半至一百六十度零半）、庚兼申、申兼庚（在指南針由二百四十四度半至二百五十度半）、甲兼寅、寅兼甲（在指南針由六十四度半至七十度半）、四局。是倒地而不可倒地、係雌中之逆雄也。余歷觀犯此凶綫者、卽使開門、建嶠、收水、皆能配合旺方、雖偶能獲一時之福、而失元時、終不免受其凶禍。此爲數十年之歷驗不爽也。民十三年余著地學鐵骨秘第十二章、所謂若要福人先福己、好將此訣羅心胸、叮嚀致意、在於此焉。今復載此圖、區區憫世苦心、俾盡人皆曉、同登康樂之域。並希世界之名則師、倘遇地盤有犯下列八凶度數者、（(一)由十九度半至二十五度半。(二)由六十四度半至七十度半。(三)由一百零九度半至一百一十五度半。(四)由一百五十四度半至一百六十度零半。(五)由一百九十九度半至二百零五度半。(六)由二百四十四度半至二百五十度半。(七)由二百八十九度半至二百九十五度半。(八)三百三十四度半至三百四十度零半。）如能稍易其凶線度數、則轉禍爲福、迴然不同、是一舉手而造福人羣、在主家暗中受福、而則師好善爲懷、心田福地、收穫良多、豈惟聲譽日隆、蔭澤綿長、子孫榮顯、可預言也、不廢蒭蕘、幸垂意焉。

右定向圖二十四幅、出卦圖八幅、爲利便自相樓宇者而製。蓋人與所住樓宇關係最爲密切、不能忽畧。惟是欲研究者、每因不諳其理、非請專門者代爲指導不可。然術者多是持論紛歧、不能折衷一是、無所適從。故特製此圖、俾人人自能研究、不假外求、而可以知其吉凶大概、不致冒昧從事焉。

宅向旣已辨定、則可將東西八命論吉凶、九星輪飛論生旺、以廿四山吉凶位參之。例如坎宅、一白入中、二黑在乾、五黃到離、八白到震、則乾離震本是煞方、若處二黑、五黃、八白運、應主大凶。或此煞方遇有高壓冲射、縱不得運、如流年煞星飛臨、或戊已五黃叠照、亦主有禍。切不可修動、倘修動則其凶愈速。門路、辦事室、臥房、井、灶、各方位、均准此斷之。「臥房」須擇在宅之生旺方、及東西四吉方、房中欲明忌暗、窗前忌見直屋或滴水、最忌上手有屋脊、或高牆牌坊欺壓、主不育、或耗財、又房之前後、忌灶、房後忌井，房忌在祠後、忌對灶間、忌多門竈、房忌開蝴蝶式門、房內忌安樓梯、或樓梯冲房門、或壓牀上、或樓梯角冲入房之範圍、「安牀」忌洩氣方、必主絕嗣、如坎宅之東北房、及正西房方位之類、凡安床最宜擇宅之吉方爲要。又須合生旺、合四吉、論牀以牀坐方星入中、飛輪八方、如牀坐坎、則以坎入中、二黑在乾、三碧在兌、四綠在艮、五黃在離、六白在坎、七赤在坤、八白在震、九紫在巽、其餘類推。東四命人、宜居東四位。西四命人、宜居西四位。位如不合、則於房門取之、可移牀位、以就東西命之吉位亦吉。牀須宜枕生避煞、欲知牀之吉凶方位、宜觀本篇第四章簡選中、臥房床位分宜忌之註、惟牀忌在正樑之下、或騎樑擔樑、及牀前冲柱、牀後空虛、兩頭不著牆壁、牀頭邊忌開門、又忌樓梯壓牀、及下有暗溝、牀前有爐灶、牀後忌開井、凡此皆當避之。若遇流年白星到牀、定主懷胎、流年白星到房、定主生子、凡九星飛到之方、如生主命納音者、添丁無疑矣。

「樓宇格式」凡建樓宇、不可無分賓主、無分坐向、例如坐北向南、大門必須在南、或在東、或在西、背後或兩傍、則僅可開較小之傍門、使宅形有賓有主、令人一見、則知此樓之坐向、若在北方、又開一堂皇大門、東位又開一堂皇大門、西位又開一堂皇大門、四面洞開、令人不明該樓坐北乎、坐南乎、坐東乎、坐西乎、此爲宅相之不利者也、應主四面楚歌、財帛小聚多散、而子逆父、妻背夫、奴犯主、皆常有之、其他坐向、由此類推。若週圍勢低、則不可建築太高、高則勢危、四面無輔、居之必主令人注視、而作爲多受攻擊。如隣居四面高昂、不可建築太低。

若折左角、主出寡婦、折右角、主尅妻。

若左右角有井、主應服藥自縊。

若背後有井、主出盜竊。

若面前有牆頭、橋頭、直射、尖射、或道路直冲、或路形如反弓、八字、乂字、人字、火字、井字、不但損傷人口、且財帛主多破耗、至於搥胸、穿心、撲肩、推背、鎖臂、牽尾、諸煞。一遇五黃、太歲、戊已、流煞加臨、則主有凶應。

若左右街水傾流、主退財、逆收巷水、主生財。

凡樓宇不可以未得元運時、則隨時將大門改移、而致有尖角斜飛、狀不端正、如人口歪、何吉之有、須知樓宇週圍、以四正端莊爲吉。

附言

裁紙定方位精細法：將屋基量定丈尺、每丈折算爲一寸、尺寸若干、裁成一幅透明玻璃紙、又將屋基平面圖則、繪畫於玻璃紙上、摺爲斜角八股、連中宮共九股。以玻璃紙之圖則中宮、蓋上定向圖之中宮、切合無間。卽知此宅之門之廳之房、及灶位等等、屬何卦位、是何干支、卽可以評判其吉凶矣。

隨間論間法：一間則有一中宮、蓋一物具一太極也。不論樓上樓下、十層八層、在南在北、或正或偏、所有宅中廳房屋厨灶、均有中宮。亦可用定向圖以定八卦方位。論與人之關係、大抵以房屋爲最要、厨灶次之、廳堂又次之、選擇者須留意焉。

第二章 鑰法

一運由公元一八六四年二月起至一八八四年二月止

一運先看到坎宮、上元創局實爲雄。門開正北迎生氣、翠繞珠圍富石崇。

一六由來是共宗、乾與離兮氣最充。兩方得運通湖海、貴顯尊榮財祿豐。

一坎當權旺氣濃、向方宜濶又宜空。闢箇花壇供點綴、管教春色滿簾櫳。

嶠氣層層起巽峯、離方樓閣現玲瓏。囘風兜氣調呼吸、指顧眞堪建大功。

二運由公元一八八四年二月起至一九零四年二月止

二運坤宮値上元、西南得令好開門。盡收旺氣歸堂上，夫婦安寧沐國恩。

二七由來同道看、兌方與艮旺無倫。溯洄照水能招運、喜見功成蔭子孫。

坤方向處要平寬、絡繹交通蔚壯觀。來氣愈多財愈旺、一些不可有遮攔。

艮起嶠星作後垣、自應聳拔出雲端。風廻到此無疏洩、東北如山蓄氣全。

三運 由公元一九零四年二月起至一九二四年二月止

三運元從震卦推、上元毓秀長瓊枝。東方朝氣通門戶、平步青雲駟馬隨。

東北湖光照宅時、立能興旺壯門楣。可知艮兌為真運、富比陶朱擁厚資。

旺氣東來向在斯、喧闐熱鬧最相宜。車來馬去憑冲起、始信門無小器兒。

兌擁嶠方疊嶂奇、花莊一面儼藩籬、氣廻宅上多含蓄、畫錦堂開喜溢眉。

四運 由公元一九二四年二月起至一九五四年止

運入中元四綠來、東南巽位耀文奎。門開路闢增來氣、富貴雲駢出俊才。

離爲九紫乾爲馬、水滙乾離旺運賅。大蕩洪潮洶湧至、腰懸金印上金臺。

巽方通旺局宏開、佳境無邊此處來。縱使對隣微障礙、可將花塢半弓裁。

西北乾方不可低、嶠星屹立勢崔巍。如屏如幛多圍繞、風轉華堂福祿來。

六運由公元一九五四年二月起至一九八四年二月止

現就中元六運詳、門臨西北應乾剛。倘知立向從斯定、晉祿加官在此方。

坎方巽位勢豪雄、海水飛揚遠近同。旺氣如潮收萬項、

一門財阜位高崇。

陽基衰旺辨元空、六白乘時西北通。道路橋梁來往處、

不妨動氣旺中衡。

四綠嶠方位欲隆、最宜在此樹崇墉。卷收西北乾元氣、

轉入華堂祿萬鍾。

七運由公元一九八四年二月起至二零零四年二月止

運逢七赤下元初、兌主西方旺氣趨。悅色滿門收一攬、

金盈倉庫斗量珠。

坤位震位輔壯圖、水歸七運到吾廬。青春大澤龍蛇起、

代出人才佩紫魚。

旺在西方任卷舒、兌方定向就通都、天衢雲路皆開放、

鵬翮摶空勢有餘。

大厦嵯峨亦煥乎、一層一進好規模。嶠方震位如收氣、

彪炳功名入畫樞。

八運由公元二零零四年二月起至二零二四年二月止

下元八運艮温純、東北陽和喜近仁。門路街衢通旺氣、

玉堂富貴樂長春。

洛數排元三八羣、震坤水照福爲眞。陂塘池沼源通井、

連轂簪纓覲紫宸。
艮元輪轉運從新、位值東南最可珍。但得縱橫方向處、
氣粗局大最精神。
嶠方屏蔽欲齊雲、峻宇高牆配合勻。坤位莊嚴毋洩氣、
勸君記取早書紳。

九運 由公元二零二四年二月起至二零四四年二月止

離居南極位明廷、九紫輝煌殿運程。假使宅門端正向、
三槐九棘列公卿。
東南正北水澄清、坐挹文瀾氣特靈。記取雙方均值運、
經筵翰苑早蜚聲。

離方當旺氣充盈。宅命欣逢運鑄成。縱目天風迢遞至、文茵十里錦鋪平。

坎方鎮後位宜扁、粉堞山樓百仞城。旋轉北風歸福宅、從今高嶠協離明。

論陽宅全憑元運、得運者興、失運者替。蓋三元在一百八十年中、自坎至離、得令失令、各有時候、千古不易者也。元運當以中立爲土、土有寄旺四時之例。是故中五所占廿年、以前十年寄於四綠、後十年寄於六白、方合八卦陰陽之理。夫天地一陰陽也。二五媾精、妙合而凝。乾兌坤艮、爲陰陽兩太所生。離震巽坎、爲陰陽兩少所生。其數爲八、而未有五也。先天八卦、據河圖而定位、其數爲八、未有五也。後天八卦、運用洛書大數、卦亦爲八。所謂五數居中、以爲實腹者、以數參五而生成也。參五者、縱橫斜直、各得十五數也、而實亦未有五也。邵子曰：乾南、坤北、離東、坎西、震東北、兌東南、巽西南、艮西北、論八卦之方位、而中宮無卦位也。故吾謂論元運、須自一至九而虛其五。然後卦數符、方位定、元運齊。近世論元運者、猶有以中五廿年爲五運。如五運用事、則將五黃入中、順行挨去。再將山上向上挨得之星入中、陽順陰逆飛去、自謂爲玄空爲天心者、未知五黃之不能獨立之理者也。

本章論宅、最重元運。以門路、水神、嶠氣、收得當元合宜爲第一。旺方相對之處、謂曰嶠氣、宜結構高嶠、廻風返旺入宅、則財丁兩旺、百福駢臻。反之宜開放而閉塞、宜高矗者而低空、則人財不利、災禍頻生矣。倘能依鑰法用得合宜、更得生氣延年、福力倍增。倘若失令失宜、又值絕命五鬼、爲禍更甚矣。

余觀古今宅法著述、源流派別、多屬紛紜、秘奧眞傳、徒滋眩惑。本章錀法、適應現代或圓形、或尖形、或不等邊形、與四面洞開、賓主無分之新式大厦之用。故首重三元氣運、宅屬何向不論、惟以開旺門、建高嶠、收旺水爲主。凡不適用於今日者、均可置而弗談。其法以普通指南針、配合余製定向圖、則可辨別坎離震巽乾坤艮兌八宅之方位。不用羅經、可開旺門、建高嶠、收旺水、定方位、而宅法已無餘蘊。如此、不惟我國都市村鎮之樓宇適用、卽任何文明區域之摩天大厦、亦可適用。至牀位、書室、火門、灶座、配合年命等法、已載第四章簡選中、可互參焉。

論辦事室

辦事室者、爲職業發展之場所、不論樓之上下、只算地之方位、如主腦人屬西命者、宜擇西四方(卽乾坤艮兌)設辦事室爲吉、若在東四方(卽坎離震巽)則凶。蓋方位以生炁爲第一吉星、主腦人合得此吉方吉向、則大旺貲財、催官貴顯、百慶交集、可以歲月期許也。以天醫爲第二吉星、主腦人合得此吉方吉向、立致中富、漸臻興發。且能除病消灾。以延年為第三吉星、主腦人合得此吉方吉向、主獲財利、和氣多壽。以伏位為第四吉星、主腦人合得此吉方吉向、小富中壽。此為本命四吉方位。以絕命為第一凶星、主腦人誤犯此凶方凶向、主官非退財。以六煞為第二凶星、主腦人誤犯此凶方凶向。主疾病破損。以五鬼為第三凶星、主腦人誤犯此凶方凶向、主夥伴逃走、火災口舌。以禍害為第四凶星、主腦人誤犯此凶方凶向、主耗財敗產、常有得勝小官非。此為本命四凶方位。四吉四凶、固有一定、然而趨吉避凶、此又視夫人之能否用其法耳。

不但此也、用人亦然、如主腦人是乾命、任用者是震命、乃屬五鬼而不可用、用之必致耗財。用得生炁命者、助主興旺。得延年者、可能長久、同心興發。得天醫者、獲規諫之益、相親相善。得伏位者、平淡相處、久而和氣。如犯五鬼、六煞者、得之則是非口舌、牽連掛累。犯絶命、禍害者、後必遭其荼毒、凶終隙末。此又用人之不可不愼也。可參閱拙著天體曆彙編、論用人須重三元九宮之選擇。

論門路

門路者、乃出入咽喉之握要也。如住宅、臥室、辦事室、工廠、同爲重要。卽如甲卯乙之震宅爲東四宅、宜行東四位之門、東命人居之、則無不丁財並旺、固不待言。倘若西四命人居之、則爲大凶。居一月後、主失大財。兩月後、不免疾病、口舌。半年後損丁退財、須要急改、擇乾坤艮兌四吉之門、並依鑰法篇之得元運者而行、卽可達成功之目的也。

讀者又可參考此再版末篇、余註之陽宅紫白賦辨正、則知每年紫白加臨吉凶之感應、無論交會於宅位、或門路、臥房、或工廠、辦事處之方位、會吉則更吉、會凶則更凶。如値會合凶位、最好急須移於吉位、如本年無吉位、則將此凶位移開、自可趨吉避凶也。

如一白四綠交逢、科名大利。九紫七赤並到、回祿連遭。二五交加而損主。三六迭逢而遇盜。三逢七、七逢三、刦盜官非。武科榮顯。六逢八、八逢六、文士參軍。六逢九而長房血症、七九之會大凶。八會四而小口殞生。八三之逢更惡。八逢九紫、喜慶綿綿。六遇八星、尊榮疊疊。欲求嗣續、惟取生神加紫白。若論帑藏、尤宜旺氣在飛星。二黑飛乾、逢八白而財源大進。遇九紫而螽斯蟄蟄。三碧遇庚、逢一白而丁口頻添。交二黑而倉箱有慶。此紫白加臨吉凶主應之大畧也。

古天文學家　吳師青先生著

地學撼龍經眞義

香港中天貿易公司出版
香港郵政總局信箱一六〇一三號

第三章　評論

宅經上溯稽皇古、地典三元總有名。黃帝千秋傳二宅、
得觀郭撰已心傾。卜居誰得似周家、率西水滸岐山下。
定址開基八百年、宅經論定原從卦。天生孔聖繼周文、
記曾論宅一經存。心法尚聞傳子夏、遺書猶在憶金門。
降及淮南述作多、天文地理廣蒐羅。畢竟景純能纘緒、
陰陽風氣論無訛。天老天師何處尋、呂才淳風亦艸艸。
三萬書藏鄴架多、未能挹注夫何補。讀書不多用不足、
寒儉令人徒捧腹。古今奧妙本來多、短長莫使逃吾目。

卜居有關陰陽樞紐、人倫軌範。卜居若安、則家代昌。不安、則門族衰微。高誘云：地善則苗茂、宅吉則人榮、此之謂也。自古以來、上而軍國州縣、次而商埠市塲、下而村坊樹柵、乃至山居道院、皆不能例外焉。郭景純曰：先賢垂籍、誠最昭彰。誠不可忽視也。

習宅法者、須傳授有本、非貫通古籍、不能明體達用。夷攷自黃帝宅經以下、除本章詩論所舉、尚有劉根宅經、劉晉平宅經、張子豪宅經、（或作子亮）刁曇宅經、八卦宅經、五兆宅經、玄悟宅經、右盤龍宅經、飛陰亂伏宅經、五姓宅經、六十四卦宅經、宅錦、宅撓、宅統、宅鏡。其餘尚多遺佚。雖大同小異、然去古未遠、遺規尚存。高誘註淮南子序、謂深思先師之訓、參以經傳道家之言、則吾人可不遍求而資揣摩耶。

輓近作者益多、或短長互推、或得失參半、或假託古人之名、而稱秘本、或點竄時賢所述、以爲原著。涇渭不分、眞贗莫辨。雖不無研究之助、而不免蕪雜之累、是又在學者之選擇焉。

宋元明後論元空、爭說清初蔣大鴻。一派相承延幕講、曾探奧妙發筠松。術語尚多存梗概、意存言外隱言中。天機不洩誰能鮮、遺憾人猶譙此翁。嘉道人稱有仲山、心香一瓣出雲間。著成直鮮開門徑、隱秘嘗思一豁顏。周枚青謂章氏辨正直鮮，最有門徑。但江五民謂蔣氏所隱秘，章氏未有特別發明。尚有同時沈竹礽、華農太史謂渠能。我思天體如輪蓋、元運非同卜筮評。觀本編第二章「鑰法」自明。湛恩華氏論天心、二十四山逐運尋。只有其中遺替卦、陰陽順逆一般談。華氏著天正心運。看他用事在何元、一白一坎入中論。一白用事，則以一白入中，二黑用事，則以二黑入中。順行排去看山向、順逆陰陽飛佈分。山向當旺謂福眞、上山下水反邅迍。尅入生出總總法、山上水裏亦稱神。均誤爲山上龍神不下水，水裏龍神不上山也。

蔣大鴻氏作天元歌、第四章論陽宅法、學者宗之、派衍日多。乾嘉作者輩出、於蔣氏原著、往往附以己見、分別觀之可也。

宅運鑽研新案成、東方科學此時鳴。（民國十九年有宅運顧問社、編成東方之科學宅運新案一書。）看他著述多邏輯、沈氏稱爲活易經。（見沈祖綿序文。）曾遇名賢心法傳、放開道眼看坤乾。往來一葉扁舟上、今古興亡盡在前（新案自述）先天加減都成五、十五縱橫合後天。若向洛書觀大數、可知興替在何年。（新案稱檢洛書大數，望氣而知興替，共有若干局論斷。茲取其上海、北平、德意志、意大利、四局、論列如下。）

合襟廻抱看三乂、賓主分明是一家。此是天然眞局勢、借賓定主眼無花。（謂上海埠開面於東北艮流特朝，合襟於全局艮方。檢洛書數，艮水爲八，艮八之對方爲二，便知上海之土脈從西南坤二上來。知上海爲二運龍，二屬上元，最近期旺於光緒十年至廿九年之二十年中。八運如逢上海區、樓臺金碧化邱墟。更須賢哲膺天命、殘局能支拾刦餘。觀測上海，在下元八運，為由旺而衰時期，按八運屬下元，相距在六十年後。以上新案第一局論斷上海者。渤海汪洋在北平、功成革命國中興。民十七年，改北京為北平。據說巽流為進氣、交歡伊德莫能京。據謂民十三以後，我國雄峙東方，與西方之德意志伊大利交歡，執全世界牛耳。以上新案第五局論斷北平。德起歐洲位北疆、波羅的海艮流長。飽收坤脤宜興旺、元運應從一二詳。海峽兼從丹麥收、如環如帶應乾流。縱橫覇氣曾無敵、碧綠堪誇中上求。以上新案第三局論斷德意志者。地中海上跨靴形、意國雄飛史有名。握得利亞通海運、橋連廬舍市繁榮。當在中元五六興、下元七八更崢嶸。兌流發展殊多力、洛數重翻下定評。新案稱意國將來執西方牛耳。以上新案第六局論斷意大利者。

宅運新案、裒集宅運顧問社羣賢論述、都爲數萬言、誠宅書之鉅製。上集爲策羣氏著、下集爲尤居士著。以洛龜九數七色、縱橫合十合十五、及環周比肩加減合十之數、以闡明國家興衰之故、及趨吉避凶之理、有活易經之稱。夫地理之術、源出於易、故據理數而知興替、言之鑿鑿、論實有據。惟觀測只在理數、而天人感召之際、容或有不能輙定者存焉。卽如論上海、以八運爲由盛而衰之期。在六十年後、盛衰倚伏、尚未可知、箇中自有消息。論北平、則自民十七削平軍閥、鑄成歷史最大之盛事、誠巽流進氣、洵不虛矣。而甲申以前、恰當四運、値日侵華、國步艱難、胡可逆料。然而殷憂啟聖、多難興邦、又安知華夏之雄長東方、不可拭目而俟。其論德意二強國、以大數推之、則德當應乾流而興、意到下元七八更旺、豈無所據。然皆因大戰之後、江山覇氣銷沉、今昔不同。大抵三才鼎立、貫通在人、讀者可以深長思矣。

世人孰不重陽基、禍福安危盡在斯。若論東西和八宅、尚須洞悉古今宜。浪談陽宅十三家、手卷蠻經只自誇。心法果誰傳一貫、不教飛佈亂如麻。洪都鬧市與山居、論定自然分位置。矯首蒼茫宇宙間、時移世變從何說。連雲大厦一幢幢、南北東西四面通。二十四山何處取、會須成竹在胸中。（今日大厦摩天，十層百層，東西南北，門戶四開，坐向從何分辨，論宅泥守古法，能無望洋向若之歎。）看山納氣原非易、要知大易涵三義。（易有三義，變易，交易，不易。）一變一交兼不變、奧妙無窮眞秘訣。讀書萬卷貫通神、嶠氣門方自有眞。不拘何向能收運、一縷金針已度人。

今日世界繁華都市、馬路縱橫、所建大厦、類多前有馬路、後有馬路、左右亦有馬路。凡當馬路者、多有開門。假如有两馬路、一在南、一在北、南開一大門、已極堂皇、北開一大門、又極堂皇。設問該大厦、坐南乎、坐北乎、以離入中乎、以坎入中乎。卽如本港德輔、與大道中、及德輔道中、與干諾道中而論、多有此類大厦。究屬坤局乎、艮局乎、坎局乎、離局乎、此不待我言、而知論宅之不可泥守古法也明矣。余爲適應世界文明進化之需要、於是不得已而有鑰法之作、亦余區區濟世之心也。

第四章　簡選

我讀金光斗臨經、明萬歷周太常志齋所傳。清乾隆金文鎔氏得索將軍所授，加以注解。六十餘頁實堪稱。至清道光時，陳洙氏甚稱此經，余亦韙之。以圖爲體書爲用、天數原從此處評。不雜挨星亂九宮、九宮能辨天機洩。遊年生煞攝爲歌、辭實無華歸簡潔。張慶瑗氏謂此經簡而易明，不無所見。先天生氣後延年、此以八卦言。五合天醫數自然。二少所生看東宅、更從二太論西邊、八宅立論，從太少四象分來。二太生者，乾坤艮兌，爲西四宅。二少生者，坎離震巽，爲東四宅。東必從東，西必從西。東西不混，方合佳吉。此是觀宅一定不易之法。據古法論宅，甚爲握要。遵守周家八宅規、後生何以復抨之。時輩有分派別迺習以闢之者，惜哉、洪都樓觀兼祠宇、覆按分明處處宜。按古遺址，皆守八宅成規，闢之者，多見其不知量也。天地絪緼重化機、陰陽闔闢莫能違。臥房床位分宜忌、縷析看來朗若眉。案陽宅重床位，宜合命，合坐山之吉，房門係臥房最緊要處，故房與門，東四命人，宜東四方，西四命人，宜西四方。如方位不合，當於房門取之，所謂移床以就吉也。惟床頭宜枕生避煞，將本書定向圖，放床邊中間，看房門上是在何字，用正五行，要與臥枕相生比和，若枕頭方位去生房門方位，雖然洩氣，亦主得子，是千金要訣也。至於年白到山，主懷胎，年白到門，主生子，時有應驗。

火門竈座不尋常、壓煞迎生法最詳。灶座火門為立宅要務，勿視為小事，如灶壓本命生方，則多小產，不孕，或懷怪胎，即有子而不聰明，不得財，田畜敗。若壓天醫方，則主疾病，甚者久病，服藥無效。壓延年方，則無壽，婚姻難成，夫婦不和，傷人口，損六畜，多病窮困。壓伏位，無財無壽，終身貧苦。若壓本命之絕命方，則無病有壽，多子發財，又無火災。如壓六煞方，則發丁發財，無病無訟，無火厄。如壓禍害方，不退財，不傷人，無病無訟。壓五鬼方，無火災，無盜賊，無病，發財，田畜大利，僕役得力。火門者，納柴燒火之口，須以壓煞迎生之道，向得本命之生氣，天醫，延年，伏位，吉方，發福極速。若向本命之絕命，六煞，禍害，五鬼，凶方，其禍立覩。倘能將註中反復互證，自得其詳矣。

共道此經多論斷、不妨公道付平章。宅中尚論讀書房、記取三元綠白方。白為官星，主仕宦，四綠是文昌，主科名。

認得中宮眞位置、晉銜攷試仕名揚。案書房培育子弟文化，擇確定坐向之方宅，取宅之一白四綠方。若流年得一白四綠到方相會，或一遇四，或四遇一，則為四一同宮，定主會攷優良，名塲顯達。山水樓台亭塔殿閣，合此方尤妙。例如住艮宅，本年壬寅，四綠在兌，艮宅之一白亦在兌，是本年在宅正西位之房為四一同宮也。餘倣此推。不必取用事某元入中順逆挨算。形勢古今多變化、千年元運最爲眞。惜他猶有未詳處、敘述還留待後人。此經畧欠缺處，在元運不甚注重，而生尅制化猶未言。九宮輪佈入中時、數理無窮在此推。生死比和兼剋洩、且將詳細報君知。語載按語中。玄空紫白洩天機、黃黑偏談論總非。辨俗謂灶座忌向五七九，五主腹疾，七主小口不利，九主目疾，火災等說，不可從也。莫被膚庸時術誤、吾知自鄶已無譏。

金光斗臨經、前人謂簡而易明。其論床座書室火門灶座等法、頗有應驗。惟論九宮八方、其說尚未詳備。師青以爲用洛書九宮、當以九山主星入中、輪佈八方、辨飛星所到宮卦、看其生死比和剋洩、有無救化受制、就此審定其吉凶。係如論坎宅、坤方見七赤、土生金、金生水、則爲化生。艮方見四綠、木剋土、則爲制煞。二黑到乾、土生金、則爲洩煞減凶。八白到震、土受木剋、則煞受剋制、可以減凶。諸如此類、允宜細細推詳。凡生氣剋碧綠赤、皆以吉論。五黃、非他星可比、不論生剋皆凶。紫白遇死氣爲魁星、退氣爲善曜、均作財論、不可不知也。

今日徒言卦可推、不知時代已潛移。樓台金碧中藏鐵、吸引磁針針遠離。（近來建築大廈，棟柱少用木石。多用鋼鐵三合土爲材料。一與羅經接近，磁針則受其吸引。）定向平分廿四山、中涵卦數六十四。（二十四山，每山約三卦，共爲六十四卦。）磁針一鏤動搖時、（針爲建築物內鋼鐵牽引，勢難立定，往往有十度八度之差。）差以毫釐謬千里。（語載案語中。）手捧盤針看未眞、正零衰旺不同神。若談五要成虛構、（門路衢嶠空缺處，有五要之稱。）月窟天根隔霧雲。（盤針不準，何以收山納氣。）時師變化要從心、設法功收子午針。度數盡歸繩墨上、演爲科學式中尋。（若只靠子午針，分六十四卦，失之遠矣，須要另尋別法。否則針同虛設，吉凶莫辨矣。）

凡欲知宅之坐向者、須用指南針在門外相距數尺處、使磁針不爲鐵力吸引、然後坐向方得有準。例如坐子向午之宅、子位左有復兼頤、右有坤兼剝。在子位中已有四個元運之分。差之毫釐、失之千里矣。欲求卦數準確、惟有用科學方式、先在門外定向、後以紙繪成圖則、憑圖則而定卦位、使其卦位準確、方無差錯。此又待學者之研究而收其效也。噫、時代漸進、盱衡今古、能無變化耶。

附：摘錄金光斗臨經徵驗語數則

吾江南未有談陽宅者。自山東周志齋太常、署應天府印、修學宮、以爲當出鼎元。而明年焦若侯及第、故士大夫翕然宗之（王肯堂筆塵）

江寧府學明德堂後、舊有一高埠、都御史陳鳳梧夷其半、建尊經閣於其上。未建閣之前、府學鄉試、中式者多。自建閣以後、遞年漸減。太常少卿周志齋署府篆、謂儒學之文廟、坐乾朝巽、開巽門、而學門居左、屬震。尊經閣高大主事、文廟與學門二木皆受乾金之尅。於是以抽爻換象補瀉之法脩之。於學之坎位起青雲樓、高於尊經閣、以洩乾金之氣。又於廟門前樹巨坊、與學門之坊幷峙、以益震巽之勢。於離造聚星亭、使震巽二木生火、以發文明之秀。又以泮水池河水不蓄、造文德水橋、以遏水之流。修理甫畢、公遷應天巡撫都御史。學門內舊有屏牆、戊子冬、公下檄拆去之。曰、明年太魁必出此無疑矣。已丑、焦某(焦若侯自謂也)果應其占。

焦若侯客牕贅語。

余友劉生、素不信陰陽禨祥之說。一日過余、見余構屋、謂余曰：開門極關係吉凶、宜審擇之。余知其必有所謂、因詰其故。劉曰：余向開一後門、而失火、盜、官訟、退田。術者勸余塞之、乃已。可不信乎。居數日劉引術者樂生來、虛心訪之。樂曰、劉本命丙戌、爲上元生人、寄位乾宮。而所開乃坎門六煞、在法應火、盜、官、訟、退田。某亦不知其所以然、其書俱在、因啟篋示余、名金光斗臨經、專以人命論宅門。余因而試之、良有奇驗。後於京師、聞有聽調縣令王姓者、精於宅法、乃專用此書、談論禍福、往往奇中。屢欲訪之、而以煩促不果。王肯堂筆塵有乾命男問：求親難就、何法可速。師爲之改竈火門向坤延年方、是速婚之向。又令其臥房安於父母床之西南坤方、得分房之延年。後數月果得婚。縱不得分房之吉者、亦不出三年也。八宅徵驗

有巽命夫配坎命生氣妻、生五子後、誤改竈火之門向坤、五鬼方。犯妻之絕命方、大門又改於坤、五子皆死。師爲之改灶座於坤、以火門向震、延年方。又改大門於離、天醫方。後此、妻復生四子。宅法能挽回造化者如此。八宅徵驗

一貧婦苦夫不歸、師爲改延年灶向、其夫卽歸。八宅徵驗

乾命遠客、犯離火、歸路而病。師曰：犯來路者、

必從來路治之、今灶火門雖改天醫、然不能清除病根。可往天醫或坤方延年、住百日而歸、自除病根矣。其人從之、果驗。八宅徵驗

有艮命人、以火門向離禍害方、事將有訟。師爲改床於天醫乾方、以逐禍害、翌日、其事頓消。八宅徵驗

金光斗臨經舊本、未列著者之名。據清人金文鎔謂於伊犂隨侍署將軍索公、得受此書、係前明應天巡撫周公諱繼所傳、其中理數、悉皆本諸易經云。攷周公名繼、字志齋、山東濟南人、爲明萬歷間太常少卿、初署應天府篆、歷遷應天巡撫都御史。卽王公肯堂、所謂江南

士夫談陽宅者、皆翕然宗之者也。王公字宇泰、爲明萬歷進士、授檢討。倭寇朝鮮、疏陳十議、留中、引疾歸、以薦補南京行人司副、終福建參政。公好讀書、賅博精粹、著有鬱罔齋筆麈。筆麈所載、周太常爲江南修學宮、斷爲當出鼎元、明年而焦若侯及第。焦公客牕贅語、亦言之綦詳。攷焦公名竑、字弱侯、號澹園。周禮：故竑、其幅廣以爲之弱、則雖有重任、轂不折。命名之義、殆出於斯。本書客牕贅語、下署焦若侯、諱雄、不無譌誤。焦公明江寧人。藏書兩樓、五楹俱滿。萬歷中、以殿試第一、中式已丑狀元、(萬歷十七年、公歷一九五八年）授翰林修撰。之數公者、皆當時名卿碩彥、沈酣學術、所言歷歷可據。視術士孟浪無根之談、不啻霄壤懸殊。是以迄今已歷三百餘年、惠廸後進不少。師青於第四章簡選中、已爲此書簡介、亦不憚爲之商榷、以補其未備。茲復摘錄原書之徵驗數則、附簡選後。俾知苟能用得其法、則應如桴鼓、自在意中。但非如科學之絕對程式耳。抑余尤有言者、夫學無止境、精益求精、乃臻至善、學者不可以一得爲已足、而蒙固步自封之誚也可。

附周太常斗臨經合婚法

論男女生命

人之生命不同、則宅之宜忌各異。祖孫或盛或衰、父子或興或廢、夫婦而前後妻災祥不同、兄弟而孟仲季休咎各異。或居此多坎坷、或遷彼則安茂。皆命之合不合有以致此也。古人知命不可易、故從卦以演命之理、次從宅舍各事之宜、以合天命。庶得趨所宜、而不拂天地八卦五行所生之理、則慶雲奕葉、而祥萃當身矣。坎離震巽爲東四宅、而男女命以三元起例、吊至此四宫者爲東命。乾坤艮兑爲西四宅、而男女命以三元起例、吊至此四宮者爲西命。男之上元甲子起坎、中元甲子起巽、下元甲子起兌。自坎轉離轉艮轉兌轉乾轉中轉巽轉震轉坤而逆行。得中宮則寄坤。女之上元甲子起中宮。中元甲子起坤。下元甲子起艮。自中至乾至兌至艮至離至坎至坤至震至巽而順行。得中宮則寄艮。俱以九宮排出掌訣、輪數而得其宮。逢一卽坎。逢二卽坤。逢三卽震。逢四卽巽。逢五男寄坤二、女寄艮八。逢六卽乾。逢七卽兌。逢八卽艮。逢九卽離。

論婚姻

命元是東四命者、宜婚東四命妻、則有子多福。如悞結西四命妻、則無子不和且不發福。如坎命男、配巽命女、巽爲坎之生氣、必有五子、又且和順、助夫成家。若坎命男配艮命女、是爲五鬼。雖有二子、必不和而無財。古云、貪生五子巨三郎。武曲金星四子強。五鬼廉貞兒两個。輔弼只是半兒男。文曲水星惟一子。破軍絶命守孤孀。祿存無子人延壽。生尅休咎仔細詳。此核於妻命、果然有准。卽得來路灶向之合命者、亦可斷其子之多寡有無也。如乾夫以兌爲生氣妻、主有五子、但金見金相敵、主夫婦不和。以坤爲延年妻、四子和睦、或云乾坤配合最宜、應生六子。以艮爲天醫妻、有三子。以乾爲伏位妻、只一女。以離爲絕命妻、主無子、又離火尅乾金、必要懼內。以坎爲六煞妻、只一子、相爭。以震爲五鬼妻、有二子、長難受、又乾尅震、夫欺妻。以巽爲禍害妻、爲腐木、其妻必懶、常受夫辱。祿存無子、夫婦多壽。餘命皆倣此類推。茲將東西八命吉凶方位鈐圖、男女立命表、八位吉凶表、附刋于左。

八宅九星弔白圖

坎宅弔白圖

坤宅弔白圖

八宅九星弔白圖

震宅弔白圖

巽宅弔白圖

八宅九星弔白圖

乾宅弔白圖

兌宅弔白圖

八宅九星弔白圖

艮宅弔白圖

離宅弔白圖

三元紫白入中表

三元白星入中年	上元	中元	下元
甲子 庚子 癸酉 己酉 壬午 戊午 辛卯	一	四	七
乙丑 辛丑 甲戌 庚戌 癸未 己未 壬辰	九	三	六
丙寅 壬寅 乙亥 辛亥 甲申 庚申 癸巳	八	二	五
丁卯 癸卯 丙子 壬子 乙酉 辛酉 甲午	七	一	四
戊辰 甲辰 丁丑 癸丑 丙戌 壬戌 乙未	六	九	三
己巳 乙巳 戊寅 甲寅 丁亥 癸亥 丙申	五	八	二
庚午 丙午 己卯 乙卯 丁酉 戊子	四	七	一
辛未 丁未 庚辰 丙辰 戊戌 己丑	三	六	九
壬申 戊申 辛巳 丁巳 己亥 庚寅	二	五	八

三元白星入中月

寅申巳亥年	子午卯酉年	辰戌丑未年	一白水	二黑土	三碧木	四綠木	五黃土	六白金	七赤金	八白土	九紫火
四	十 正	七	兑	艮	離	坎	坤	震	巽	中°	乾
五	十一 二	八	艮	離	坎	坤	震	巽	中°	乾	兑
六	十二 三	九	離	坎	坤	震	巽	中°	乾	兑	艮
七	四	十 正	坎	坤	震	巽	中°	乾	兑	艮	離
八	五	十一 二	坤	震	巽	中°	乾	兑	艮	離	坎
九	六	十二 三	震	巽	中°	乾	兑	艮	離	坎	坤
十 正	七	四	巽	中°	乾	兑	艮	離	坎	坤	震
十一 二	八	五	中°	乾	兑	艮	離	坎	坤	震	巽
十二 三	九	六	乾	兑	艮	離	坎	坤	震	巽	中°

男女三元立命表

上元男女立命表

宮	命							
坎宮	男命	甲子	癸酉	壬午	辛卯	庚子	己酉	戊午
坎宮	女命	己巳	戊寅	丁亥	丙申	乙巳	甲寅	癸亥
離宮	男命	乙丑	甲戌	癸未	壬辰	辛丑	庚戌	己未
離宮	女命	戊辰	丁丑	丙戌	乙未	甲辰	癸丑	壬戌
艮宮	男命	丙寅	乙亥	甲申	癸巳	壬寅	辛亥	庚申
艮宮	女命	丁卯	丙子	乙酉	甲午	癸卯	壬子	辛酉
兌宮	男命	丁卯	丙子	乙酉	甲午	癸卯	壬子	辛酉
兌宮	女命	丙寅	乙亥	甲申	癸巳	壬寅	辛亥	庚申
乾宮	男命	戊辰	丁丑	丙戌	乙未	甲辰	癸丑	壬戌
乾宮	女命	乙丑	甲戌	癸未	壬辰	辛丑	庚戌	己未
中宮	男命	己巳	戊寅	丁亥	丙申	乙巳	甲寅	癸亥
中宮	女命	甲子	癸酉	壬午	辛卯	庚子	己酉	戊午
巽宮	男命	庚午	己卯	戊子	丁酉	丙午	乙卯	
巽宮	女命	壬申	辛巳	庚寅	己亥	戊申	丁巳	
震宮	男命	辛未	庚辰	己丑	戊戌	丁未	丙辰	
震宮	女命	辛未	庚辰	己丑	戊戌	丁未	丙辰	
坤宮	男命	壬申	辛巳	庚寅	己亥	戊申	丁巳	
坤宮	女命	庚午	己卯	戊子	丁酉	丙午	乙卯	

中元男女立命表

宮	命							
巽宮	男命	甲子	癸酉	壬午	辛卯	庚子	己酉	戊午
巽宮	女命	丙寅	乙亥	甲申	癸巳	壬寅	辛亥	庚申
震宮	男命	乙丑	甲戌	癸未	壬辰	辛丑	庚戌	己未
震宮	女命	乙丑	甲戌	癸未	壬辰	辛丑	庚戌	己未
坤宮	男命	丙寅	乙亥	甲申	癸巳	壬寅	辛亥	庚申
坤宮	女命	甲子	癸酉	壬午	辛卯	庚子	己酉	戊午
坎宮	男命	丁卯	丙子	乙酉	甲午	癸卯	壬子	辛酉
坎宮	女命	壬申	辛巳	庚寅	己亥	戊申	丁巳	
離宮	男命	戊辰	丁丑	丙戌	乙未	甲辰	癸丑	壬戌
離宮	女命	辛未	庚辰	己丑	戊戌	丁未	丙辰	
艮宮	男命	己巳	戊寅	丁亥	丙申	乙巳	甲寅	癸亥
艮宮	女命	庚午	己卯	戊子	丁酉	丙午	乙卯	
兌宮	男命	庚午	己卯	戊子	丁酉	丙午	乙卯	
兌宮	女命	己巳	戊寅	丁亥	丙申	乙巳	甲寅	癸亥
乾宮	男命	辛未	庚辰	己丑	戊戌	丁未	丙辰	
乾宮	女命	戊辰	丁丑	丙戌	乙未	甲辰	癸丑	壬戌
中宮	男命	壬申	辛巳	庚寅	己亥	戊申	丁巳	
中宮	女命	丁卯	丙子	乙酉	甲午	癸卯	壬子	辛酉

下元男女立命表

宮	命							
兌宮	男命	甲子	癸酉	壬午	辛卯	庚子	己酉	戊午
兌宮	女命	壬申	辛巳	庚寅	己亥	戊申	丁巳	
乾宮	男命	乙丑	甲戌	癸未	壬辰	辛丑	庚戌	己未
乾宮	女命	辛未	庚辰	己丑	戊戌	丁未	丙辰	
中宮	男命	丙寅	乙亥	甲申	癸巳	壬寅	辛亥	庚申
中宮	女命	庚午	己卯	戊子	丁酉	丙午	乙卯	
巽宮	男命	丁卯	丙子	乙酉	甲午	癸卯	壬子	辛酉
巽宮	女命	己巳	戊寅	丁亥	丙申	乙巳	甲寅	癸亥
震宮	男命	戊辰	丁丑	丙戌	乙未	甲辰	癸丑	壬戌
震宮	女命	戊辰	丁丑	丙戌	乙未	甲辰	癸丑	壬戌
坤宮	男命	己巳	戊寅	丁亥	丙申	乙巳	甲寅	癸亥
坤宮	女命	丁卯	丙子	乙酉	甲午	癸卯	壬子	辛酉
坎宮	男命	庚午	己卯	戊子	丁酉	丙午	乙卯	
坎宮	女命	丙寅	乙亥	甲申	癸巳	壬寅	辛亥	庚申
離宮	男命	辛未	庚辰	己丑	戊戌	丁未	丙辰	
離宮	女命	乙丑	甲戌	癸未	壬辰	辛丑	庚戌	己未
艮宮	男命	壬申	辛巳	庚寅	己亥	戊申	丁巳	
艮宮	女命	甲子	癸酉	壬午	辛卯	庚子	己酉	戊午

八位吉凶表

	乾	坎	艮	震	巽	離	坤	兌
乾命	伏位	六煞	天醫	五鬼	禍害	絕命	延年	生氣
坎命	六煞	伏位	五鬼	天醫	生氣	延年	絕命	禍害
艮命	天醫	五鬼	伏位	六煞	絕命	禍害	生氣	延年
震命	五鬼	天醫	六煞	伏位	延年	生氣	禍害	絕命
巽命	禍害	生氣	絕命	延年	伏位	天醫	五鬼	六煞
離命	絕命	延年	禍害	生氣	天醫	伏位	六煞	五鬼
坤命	延年	絕命	生氣	禍害	五鬼	六煞	伏位	天醫
兌命	生氣	禍害	延年	絕命	六煞	五鬼	天醫	伏位

【上元】：由一八六四年二月起、至一九二四年二月止。

【中元】：由一九二四年二月起、至一九八四年二月止。

【下元】：由一九八四年二月起、至二零四四年二月止。

例如：男命在一九〇三年出生，則在一八六四年至一九二四年範圍內，便是上元生人。再査本曆百歲表，便知出生之年為癸卯，然後在上元男女立命表，査得癸卯年份，向上直看男命欄，再看第一排，則知該人屬兌宮，是謂兌命。如屬女命者，査得癸卯年份，向上直看女命欄，再看第一排，則知該人屬艮宮，是謂艮命。然後査八位吉凶表第一行之兌，與表上第一排之艮字，橫行與縱行交叉之處，則知為合延年之吉。亦可將女命第一行之艮字，與表上第一排之兌字，橫行與縱行之交叉處，則亦知合延年之吉。中元範圍出生者，下元範圍出生者，以此類推。「凡査値中宮者，則男屬坤。女屬艮」。

師青按語

按斗臨經論婚姻、確有易理根據、其說原出自呂才合婚法。所謂福德、天醫、生氣、為上婚。歸魂、游魂、絕體、為中婚。五鬼、絶命、為下婚。卽斗臨經之游年八煞歌之藍本。只以福德為延年、以歸魂為伏位、以游魂為六煞、以絕體為禍害、命名雖異、而義則一也。張神峯震於唐一行僧之名、而抨擊呂才合婚為無據之說。而謂配婚必須以男女年月日時推算、肩刼多者用傷食、傷食多者用肩刼等語、未免固執、捨本求末。豈知斗臨經以年命分東西之論、本易經八卦之變化、陰陽生尅為判斷、陽奇陰偶、辨別精確。觀其吉凶方位鈐圖、眞足補呂才之未備、令人一覽而豁然貫通。余以爲世人依此法論婚、則婚姻美滿、千祥雲集、無不如意。倘有不驗、必因年歲記不清楚、或因俗習以屬虎屬蛇爲忌而諱言、自改其年歲、以致無從考驗。年歲若眞、則無不驗。如不見驗、則須察看床竈方位、吉凶有無受其轉移焉。願世之父母爲兒女擇婚者、共喻斯旨、按表索圖而自訂、毋假外求、擇上而行、自然徼福。故將吉凶方位鈐圖附刋、俾讀者可知延年、天醫、生氣、爲上婚、伏位、六煞、禍害、爲中婚、五鬼、絕命、爲下婚之說、原出於大易、非神峯輩所得誣者也。師青今更加以論斷、並綴韻言、以臻美備。

【上婚】【生氣】【延年】【天醫】

生氣：星屬貪狼、木位東方、得太陽之朝氣、欣欣向榮、具繁華氣象。配婚合此、允稱第一。主夫顯達、妻貴麗、枝葉蕃昌、兒女成行、男則充閭跨竈、女則光耀門楣。至於住宅六事、愼勿違天地八卦五行之理、而減其分數也。

詩曰：
生氣相逢最吉祥、夫榮妻貴產賢良。
懷疑可以參家宅、轉變須防彼力強。

延年：星屬武曲、武曲金星、其性端莊、其質輝煌、尊貴無比。與破軍頑金、迥然不同、配婚合此、堪稱上選。百年伉儷、舉案齊眉。貴則垂紳正笏、富則翠繞珠圍。外無欺妻寵妾之夫、內有嚙臂盟心之婦。子女多而賢俊。倘或美中不足、則宅舍未受三吉耳。

詩曰：如此婚星不甚多、迨冰未泮結絲蘿。所居樓宇無兇犯、那見人間有坎坷。

天醫：星屬巨門、巨門爲土、土厚能載、承天之覆、乾坤合德、經曰：巨門端嚴富貴牢、蓋端嚴者、則氣象恢宏、秉性忠貞、而兼富貴。婚配合此、足爲人倫表率、梁鴻孟光、不得專美於前。誕生玉葉瓊花、三番兩樹、光大門閭矣。

詩曰：
婚星三吉最爲奇、富貴榮昌定可期。
大小縱因家宅減、也能興發復奚疑。

【中婚】【伏位】【六煞】【禍害】

伏位：星屬左輔、左輔作木論、與貪狼之木不同、故不能儕於三吉。然木性本仁、得仁者壽、婚配合此、白頭偕老、夫妻亦有榮盛。兒女雖弱可貴、花不在多也。

詩曰：
向榮必發告君知、雖是中婚配亦宜。
美滿可憑人力助、不妨宅灶選天醫。

六煞：星屬文曲、水性泛濫無定、情隨東西、流必歸海。婚配合此、雖乍合乍離、而終能偕老、晚景尤順。兒女智慧生成、一夔足矣。宅灶合宜、可獲榮昌。

詩曰：
水性雖柔晝夜流、盈科時節大功收。
雖然往復多波折、增益憑君宅事修。

禍害：星屬祿存、祿存亦作土論、無巨門之尊貴、形多散漫。婚配值此、愉快者少、只夫婦年壽增高、可能偕老。若論兒女、花多果少、賢愚參半。宅灶適宜、亦有佳境。但婚姻之事、理難十全、中平亦吉、故稱爲中婚。

詩曰：

枝節縱橫號祿存、端嚴不及巨門尊。
要知帶祿方爲福、門灶還憑合命元。

【下婚】【五鬼】【絶命】

五鬼：星屬廉貞、火性炎上、最易衝動、熊熊烈焰、不可向邇。婚配值此、定主夫多嬖寵、婦多齟齬、難望唱隨到老。兒女多則不得力、二枝可以養老、未能跨竈充閭。故曰下婚。若遇宅灶合三吉、則消其災祲、轉獲禎祥。

詩曰：五行惟火最無情、看到燎原禍不輕。識得配婚多不吉、命元合宅轉昌榮。

絕命：星屬破軍、金不方整、歪斜拖沓、性本飛揚、形成跛扈。婚姻值此、實不衷心、各有所恃、難調琴瑟。甚者因之離異、否則獨守孤孀、膝下常虛、夫婦之道苦矣。然而金質本堅、無妨煅煉、加以種德、可望徵祥。榮枯之理、不能遽執一端。

詩曰：齊眉舉案本同心、若得同心利斷金。肯任百成年怨偶、勸君改善莫沉吟。

予論合婚、當無不驗、倘或不驗、則須看床灶方位、有無轉移其吉凶、茲特將灶向論列於左、俾人人能自求多福、樂何極哉。

論灶口

年月日吉凶神煞、臨方到向、吉則應吉、凶則應凶、忌門路對沖、臥房之下、正樑橫壓、不可不知也。

灶口者納柴進火之門也、此門能速發吉凶、期月卽驗、故灶向最要選擇、如東四命人、灶口向東四位（坎離震巽）則吉、向西四位（乾坤艮兌）則凶、灶口不宜向五黃、如坤艮二命、生炁在坤艮、五黃亦在坤艮也、向則有灾。若除坤艮外、則催財宜向生炁、催丁宜向伏位。若是巽命、則火門卽須向巽、俟天乙貴人、到巽位、必產佳兒、此法最驗。天乙貴人者、卽坤也。如上元甲子、庚辰年、以坎宮起甲子、逆輪至庚辰、則三碧震宮、卽以三碧入中宮、順輪二黑之坤到巽、是爲天乙貴人到位也。餘彷此。凡作灶日、用紫白遁得生炁到火門所向、催財極驗、六十日卽應。餘詳第四章簡選篇、火門灶座不尋常、壓煞迎生法最詳兩句註中。

有夫妻兩命分東西者、須以灶口向合夫命、以內房門及床位合妻命可也。如灶向凶、而不能改、可別設小灶或風爐、以灶口向吉方、皆可急救灾禍。但合家命卦有合舊灶向者、從舊灶食之。有合新灶向者、從新灶食之則得之矣。

陽宅紫白賦辨正

吳師青著

師青寓港有年、端居多暇、正值文明東漸、樓宇翻新、巍峨大厦、高聳雲霄、頓改舊觀、已忘古樸、然而事貴因循、法宜通變、蓋古今不同、豈能固執、因革是尙、自有權衡、爲適應潮流、共期安樂、於是有樓宇寶鑑之著。俾相宅者、知其趨向、不致茫無涯際、望洋興歎、舉凡宅法、包括無遺。如論元運、門路、水神、嶠氣、則詳於第二章鑰法篇中。查宅命、推四吉、載在男女三元立命表。選臥房、辨事室、灶位、詳於第四章簡選篇中、名家著籍、學派源流、上下古今、眞僞得失、則詳於第三章評論中、手握驪珠、不難索驥。

紫白之說、導源上古、自黃帝明堂九宮之制、畫河圖爲卦而有八、配洛書之數而合十、其子演之、而成洪範九疇。大戴云：明堂者凡九宮二九四、七五三、六一八、天法也。明堂不飾、天道不順。後漢書張衡傳鄭注云：太一下行八卦之宮、每四乃還於中央、中央者、北辰之所居、故謂之九宮。天數大分、以陽出、以陰入。陽起於子、陰起於午。是以太一下九宮、從坎宮始、自此而從坤宮、又自此而從震宮、又自此而從巽宮、所行半矣、還息於中央之宮。旣又自此而從乾宮、又自此而從兌宮、又自此而從艮宮、又自此而從離宮、行則周矣、上遊息於太一天一之宮、而返於紫宮。行從坎宮始、而終於離宮。離爲紫、坎爲白、紫白飛宮之法。先儒言之綦詳、術家用之、輒獲奇驗。

惟是論紫白者、有紫白經、紫白賦、紫白訣等篇、然而作者巳佚其姓名、流傳至今、篇名雜出、鐫寫多誤、眞僞莫辨、故將上下兩篇、悉心辨正、釐然可觀、大小交會宅運、註釋全備。附刋拙著樓宇寶鑑之後、使讀者易於會通、不無裨補於相宅焉。

紫白賦辨正　上篇

吳師青著

紫白飛宮、辨生旺退煞之用。三元分運、判盛衰興廢之時。

師青曰：何謂紫白、洛書九星也。飛宮者、飛佈八方也。八宅俱以本宅之星入中宮、照排山掌飛去、如是坎宅、卽以一白入中宮、二黑飛乾之類。此特舉例而言、沈祖緜註、謂與下氣運爲君之意全悖、非也。生退煞者、以飛到各方之星來生中宮之星者曰生、尅中宮之星者曰煞、與中宮比和者曰旺、中宮之星生各方之星者曰退、尅各方之星者曰死。

凡此則以九星各有五行、如一白屬水、二黑五黃俱屬土、三碧四綠俱屬木、六白七赤俱屬金、九紫屬火、而定其生旺退煞焉。論氣運則有三元之分、上元運爲一二三、中元運爲四五六、下元運爲七八九、得元運則興盛、失元運則衰廢、理固然也。

生旺宜興、運未來而仍替。退煞當廢、運方交而尚榮。總以運氣爲權衡、而吉凶隨之變化。

師青曰：水遇金爲生、遇水爲旺、然未交三元金水運、則爲失令而仍替。水遇木爲退、遇土爲煞、然方交三元金水運、則爲得令而尚榮、權衡一定、無論生旺退煞、總以三元爲主、得運者吉、失運者凶、俱從此而變化焉。此總攝通篇大旨、而歸重元運。

然以圖之運論體、書之運論用、此法之常也。有時圖可以參書、書可以參圖者、此又其變也。

師青曰：圖運、是河圖之運、卽下文五子分運也。書運、是洛書之運、卽上中下三元大運也。體者、如八宅坐定宅星是也。用者、由宅星飛佈是也。以圖書之五行互參、則書可兼圖、圖亦可兼書、圖書融會貫通、或輕或重、此又常變互用之法也。此總提圖書二運、逐一說明。沈註謂河圖洛書、不當折而爲二、此昧於體用之理耳。

今攷河圖之運、以五子分運、則甲丙戊庚壬、乃配水火木金土之序、而五行之運、秩然不紊。

師青曰：河圖之一六屬水、故甲子配之爲水運。二七屬火、故丙子配之爲火運。三八屬木、故戊子配之爲木運。四九屬金、故庚子配之爲金運。五十屬土、故壬子配之爲土運。每子各配十二年、五行配運、豈不秩然有序乎。

凡屋之層與間是水數者、喜金水之運。係木數者、嫌金水之運。其火金土數、可以類推。

師青曰：凡屋喜生旺、而忌尅洩。一層六層、一間六間、是水數屋。在金運庚子、水運甲子、爲其所喜。若三層八層、三間八間、是木運屋、在火運丙子、金運庚子、乃其所忌、餘類推可也。

生運發丁而漸榮、旺運發祿而驟富。退運必零退而絕嗣。煞運必橫禍而官災、死運損丁、吉凶常半。此以圖論、應如桴鼓。

師青曰：若以圖論、則層間之屋、遇五子運、生者爲生、比者爲旺、尅者爲煞。層間生運爲退、層間

尅運爲死、但死運有吉有凶、故言常半。以上是申
明前段圖之運論體句。
而九星遇此、喜懼亦同、木星金運、宅逢刼盜之凶。火
曜木元、人沐恩榮之喜。書可參圖、亦如是矣。
師青曰：此言書可參圖。九星者、指洛書言。此者
指圖書運言。喜者。喜圖書運生旺比和。懼者、懼
書與圖運死退尅煞。其應驗亦如桴鼓。以書參圖、
則書之三碧四綠木、九紫火、可參圖之庚子金、戊
子木之運也。
又攷洛書之運、上元一白、中元四綠、下元七赤、各管

六十年、謂之大運、一元之內、又分三元、循序而推、各管二十年、若九星論臨一週、謂之小運。

師青曰：上中下三元、總計一百八十年、而成紫白一週。若分論之、上元大運、一白總管六十年、小運一白、二黑、三碧、各管二十年。中元大運、四綠總管六十年、小運四綠、五黃、六白、各管二十年、下元七赤、總管六十年、小運七赤、八白、九紫、各管二十年。卽符合紫白週之數。

提此三運爲主、更宜專論其局、八山上元甲子、得一白方龍穴、一白方砂水、一白方居住、名元龍主運、發福非常。至甲申甲午二十年、得二黑方龍穴、二黑方砂水、二黑方居住、福亦如之、舉此一元、而三元可知矣。然二者不可得兼、或當一白司令、而震巽受運之生。四綠乘權、而震巽合運之旺。此方之人、亦有慶也。

師青曰：主運者、生旺退煞之元運也。一白、得龍穴砂之方位也。局與運符、故發福非常。四運喜龍向砂之旺、忌巽水、喜乾水、在乾水、則得零神之吉、在巽水則犯正神之凶、正神之水宜避、須知一二三運、只欲一二三龍穴砂之旺、不喜見一二三之水、見則敗財、最喜九八七之水、見水則發財。六運、喜戌乾巳之龍向砂、忌戌乾巳之水、喜巽辰亥之水。七八九運、欲兌艮離龍穴砂、不喜見兌艮離之水、見水則失財、喜一二三之水、則無不發福。作者龍穴砂水四字中、水字原著有秘、蓋山旺水衰、水旺山衰、原有定理、觀拙著樓宇寶鑑『鑰法』自明。又須熟讀拙著『地學鐵骨秘』之元運歌。甲子申、貪狠一路行。坤壬乙、巨門從頭出。癸未卯、俱是祿存至。巽辰亥、盡是文曲位、戌乾巳、武曲一星聯。丁酉丑、破軍七八九。艮丙辛、位位是輔星。庚午寅、右弼此星眞。經曰、識得零神與正神、只日入青雲、不識零神與正神、代代絕除根、其斯之謂矣。

且先天之坎、在後天之兌、後天之坎、在先天之坤、則上元之坤兌、未可言衰。先天之巽、在後天之坤、後天之坤、後天之巽、在先天之兌、則中元之坤兌、亦可言旺。先天之兌、在後天之巽、後天之兌、在先天之坎、則下元之巽、不得云替。此八卦之先後天運、固可合論也。

師青曰：此申明書之運論用句。如兌屬金、坤土、運値上元、則金生水爲退氣、土尅水爲死氣。不知先天之坎、在後天之兌位上、則兌雖被上元洩、而先天坎水、却是得令。又如後天之坎、在先天坤位上、則坤雖尅上元坎水爲死氣、而先天之坤土、却是得令。故上元坤兌二位、俱是先後天之吉、未可言衰。坤土兌金、運值中元、木尅土爲煞氣、金尅木爲死氣。不知先天之巽、在後天坤位上、則坤雖被中元木尅、而先天巽木、却是得令。後天之巽、在先天兌位上、則兌雖尅中元巽木、而先天兌金、却是得令。後天之巽、在先天兌位上、則兌雖尅中元巽木、而先天兌金、却是得令。故中元坤兌二位、亦係先天之吉、可以云旺也。

如一白司上元、而六白同旺。四綠居中元、而九紫同興。七赤居下元、而二黑並茂。卽圖一六共宗、四九爲友、三八爲朋、二七同道之意。圖可參書、不信然乎。

師青曰：此申明圖可參書前句。洛書一白乘上元之旺、河圖乃一六共宗、故一旺而六亦旺、而中元之四九、下元之七赤、亦同此義、皆可類推、而以圖參書也。

或一白未得運、而局之生旺財方、有六事得宜者、發福亦同、水爲上、山次之、高樓鐘鼓殿塔亭台之屬、又其次也。再論其山、有山之六事、如門、路、井、竈、之類、行運與否。次論其層、層有層之六事、或行大運、或行小運、俱可言其榮福。否則將六事佈置、合山與層及其間數、生旺則關煞俱避、而河洛二運未交、僅可言其小康也。

師青曰：論一白總歸河洛二運上、此承上而言也。局之六事、是外六事、層之六事、是內六事、本文自明、不必作山論作水論也。六十年一週爲大運、二十年一易爲小運。六事放在局與山層間之生旺方、不犯官煞、一交河洛二運、發福非常、若未交、只小康而已。

至若干支納音之生煞、有統臨專臨之異、而每太歲入中宮、並詳生旺、管山星宿之穿宮、有逆飛順飛之例、而每歲禽星入中宮、同參生尅。八門加臨非一、九星吊替多方。

師青曰：六甲者、甲子、甲戌、甲申、甲午、甲辰甲寅、是也。三元者、上元、中元、下元也。上元甲子六十年、中元甲子六十年、下元甲子六十年、但泊宮不同。故曰各異、若泊中宮干支納音、即下文一年一易也。如上元甲子起坎、即逆數至中宮、得巳巳木納音也。中元甲子起巽、卽將本宮逆數至中宮、得壬申金納音也。下元甲子起兌、則逆數至中宮得丙寅火納音也。爲木爲金、爲火、不同、故曰各殊也。惟星宿之穿宮、與禽星論生尅、因古今歲差之大、不必同參、八門加臨可用。

如上元一白起甲子十年、巳巳在中宮納音屬木、甲戌十年、戊寅在中宮納音屬土。中元四綠起甲子十年、壬申在中宮納音屬金。甲戌十年、辛巳在中宮納音屬金。下元七赤起甲子十年、丙寅在中宮納音屬火。甲戌十年、乙亥在中宮納音屬火。

師青曰、上元甲子從一白坎起、逆輪至中宮、乃巳

上元
甲子十年　己巳木在中宮
甲戌十年　戊寅土在中宮
甲申十年　丁亥土在中宮
甲午十年　丙申火在中宮
甲辰十年　乙巳火在中宮
甲寅十年　甲寅水在中宮

中元
甲子十年　壬申金在中宮
甲戌十年　辛巳金在中宮
甲申十年　庚寅木在中宮
甲午十年　己亥木在中宮
甲辰十年　戊申土在中宮
甲寅十年　丁巳土在中宮

下元
甲子十年　丙寅火在中宮
甲戌十年　乙亥火在中宮
甲申十年　甲申水在中宮
甲午十年　癸巳水在中宮
甲辰十年　壬寅金在中宮
甲寅十年　辛亥金在中宮

己也。中元甲子從四綠巽起、逆輪至中宮、乃壬申也。下元甲子從七赤兌起、逆輪至中宮、乃丙寅也。

每年先以中宮納音、復以所泊宮星、與八山論生尅、所以謂統臨之君也。

師青曰：上言統臨、至此已逐段申明、此處言先以中宮所得納音、與八山五行較生尅。又以八山逆輪所得納音、與八山五行較生尅。如乾山是金、中元甲子起巽、逆輪至中宮、是壬申金音、則此十年金與金旺。如甲辰十年、是戊申土音則此十年土生乾金、爲生爲旺也。餘可類推。

按納音每十年一易、又有本山納音之法、如上元甲子在坎山、甲子納音金、生水山、乙丑離泊、金受山尅、丙寅泊兌、火尅山凶、是爲泊宮星納音。上端所列、三元入中宮星、將納音與八山較其生尅、以定十年之休咎、乃爲統臨之法者也。

何謂專臨之君、卽六甲旬飛到八山之干支也。三元各以本宮所泊、隨宮逆數。數至本山、得何干支、入中宮順飛、以輪八山。生旺則吉。退煞則凶。

師青曰：上論統臨、此論專臨、君臨者、主星之臨也。如中元甲戌旬、得辛巳金音入中。乾山比旺吉矣。又將辛巳在中宮順輪、輪到乾山得壬午木音、即受乾山之尅、則是年福力減輕、餘可類推。此段原文他本飛字作佈、而以輪爲論、大失本義、今據古本更正。

統臨專臨皆善、吉莫大焉。統臨不善而專臨善、不失爲吉。統臨善而專臨不善、未免爲凶。然凶猶未甚也。至於統臨專臨皆不善、禍來莫救矣。

師青曰：統臨專臨、固有吉凶之分、然先後輕重、自有不同、特爲舉出、歸重專臨。爲統臨專臨之結論也。沈註謂、作者於紫白知其一而不知其二、詆為以偽術欺世、而作游移飾語、不知統專吉凶之比、在術數中五行生旺、尅洩互相損益而判斷、類多如是、何得謂為欺世飾語？沈氏譏為三白寶海之流亞、而不知其本身也。

至於流年干支、亦入中宮順飛、以考八山生旺、如其年不得九星之吉、而得歲音之生旺、修動亦吉。

師青曰：八山俱有流年九星、飛入中宮、順飛八局各有生旺退煞之辨、倘此年到八山不吉、而太歲干支之納音與八山相生、修理動作亦吉。是流年干支重於九星、亦猶上之專臨重於統臨也。此曷以故、如屬甲子年、卽將甲子入中宮、乙丑到乾、丙寅到兌、順飛八山、將納音與八山較其生尅、如坎山屬水、甲子納音是金、乃金生水故吉。乙丑在乾、乾係坎山二黑、二黑屬土、乙丑納音亦金、則爲洩氣。八山俱從此推、屢多奇驗。沈氏又註爲全局不吉、流年雖吉、亦不免於凶。若然、則八山已成定案、歲音生旺、皆無所預、寧有是理耶。此正孟子所謂、詖辭知其所蔽也。此段申明前太歲入中宮二句。

禽星穿宮、則當先明二十四山入中宮之星。巽角。木。辰亢。金。乙氐。土。卯房。日。甲心。月。寅箕。水。尾。火。艮斗。木。丑牛。金。癸女。土。子虛。日。壬危。月。室。火。亥壁。水。乾奎。木。戌婁。金。辛胃。土。酉昴。日。庚畢。月。嘴。火。申參。水。坤井。木。未鬼。金。丁柳。土。午星。日。丙張。月。翼。火。巳軫。水。各以坐山所值之星爲禽星。入中宮順佈、以論生尅。但山以辰戌分界、定其陰陽。自乾至辰爲陽山、陽順佈。自巽至戌爲陰山、陰逆輪。星生宮、動用與分房吉。星尅宮動用與分房凶。

師青曰：此申明以前管山星宿句。本文自明。

其流年之禽星、則以值年星入宮飛方。陽年順行。陰年逆行。而修造之休咎、於此可考。

師青曰：此段申明前每年禽星二句。流年禽星、俱從支上起、至支所屬之星、與前二十四山十二地支所屬之星無異。如子年則以虛宿入中宮、以子寅辰午申戌為陽年、順佈。以丑卯巳未酉亥為陰年、逆輪。夫禽星以二十八宿定名、而穿宮入中值年、理雖有當、惜乎、廿八宿度數、與廿四山宮位、今昔不同、而穿宮入中自異、須知廿八宿之運行、每年東行約五十一秒、則七十年差一度有奇、二千一百一十餘年、可差一宮。古今差距之大、何止一宮、故因此時未可適用、參閱拙著、七政四餘星圖析義、第一百五十八頁至一百六十七頁、則自明矣。

八門加臨者、乾山起艮、坎山起震、艮則加巽、震則從離。巽從震、離從乾、坤坤、兌兌、以起休門、順行八宮。分房安床、獨取開休生爲三吉。

師青曰：八門者、休生傷杜景死驚開也。加臨者、加於八山也。如乾山加艮、是乾卽休門、震卽生門也。取休開生爲三吉者、如一白坎爲休、六白乾爲開、八白艮爲生、以白爲吉也。八門五行、隨八卦而起休、隸坎屬水生、隸艮屬土、至開隸乾屬金。
看其所隸、而知其門。
又有三元起法、上元甲子起乾、順行四維、乾艮乾順、週而復始。中元甲子起坎、順行四正、坎震離兌。下元甲子起艮、順行四維、艮巽坤乾。

師青曰：此段說明三元起法、在上元、則甲子年休門起乾。乙丑年休門起艮。丙寅年休門起巽。丁卯年休門起坤。戊辰年休門起乾。順行四維、四維者、四隅也。餘可按年類推。至於每年輪法、陽順陰逆、陽山順佈、陰山逆佈、分佈八門也。

論流年係何宮起休門、亦論其山之陰陽順逆佈之。如寅甲爲陽、陽主順、乙卯爲陰、陰主逆。但取門生宮、宮門比和爲吉、宮尅門次之、宮生門則凶、門尅宮則大凶。

師青曰：此言起休之法、從順逆排佈、如甲子年休起乾、其年寅山係傷門、傷隸震木、爲門尅宮。甲山係杜門、杜隸巽木、爲宮比門。卯山休起乾、逆輪、死門在震、死隸坤土於卯山爲宮尅門。如乙丑年休起艮、陽山從艮順佈休生等門。陰山從艮逆佈休生等門。此申明以上八門加臨句也。

九星弔替者、如三元白星入中宮飛佈、俱謂之弔、而年替年、月替月、層則替方、門則替間之屬、皆以名之。

師青曰：此申明前九星弔替各方句、而總提下弔替各法。

如上元甲子年、一白入中宮、輪至子上、乃歲支也。係六白卽以六白入中宮、飛佈八方、視其生尅、而支上復得二黑、是年替年也。又如子年三月、六白入中宮輪至辰上、乃月建也、係五黃、卽以五黃入中宮、輪至辰上、乃是四祿、此月替月也。如二層屋下元辛亥年、五黃入中宮、六白到乾、以六白入中宮、輪佈八方、以論生尅、是層替方也。又如三層屋、二黑居中、而開離門、則六白爲門星。下元辛亥年、五黃入中宮、輪九紫到門、尅原坐六白金星矣。復以九紫入中宮、輪數八方、而六白到坤、及第七間、是門替間也。此河圖之妙用、循生迭起、運合災祥、無不可以預決。

師青曰：此舉年替年、月替月、層替方、門替間各法、依順逆輪佈、爲灾爲祥、無不可以預決也。

紫白賦辨正 下篇

吳師青著

四一同宮、準發科名之顯。

師青曰：以宅星入中宮、查四綠落在何宮、次以流年太歲入中宮、輪到一白到四綠處所、即爲四一同宮。發科名之顯者利考試而獲榮顯也。蓋一白爲官星、主仕宦、四綠是文昌、主科名。例如兌宅艮門、每逢一白之年、四一同在艮位；巽宅坤門、每逢七赤之年、四一同在坤位；坎宅中宮、每逢四一之年、四一同在中宮是也、舉一反三、怗然明白。沈祖緜註此、拘於天地盤山向飛輪之說而斷。以爲失令。四一主淫蕩、則失之遠矣、其實得令失令、須明拙著、『鑰法』、並非以天地盤山向飛輪之說而可定也。

按銓選之法、古今遞變、三代以前出於學、戰國至秦出於客、魏晉出於九品中正、隋唐明清出於科舉、民國以來、出於學校。術書所稱科名、今卽指考試及格而言、讀者觸類旁通、毋泥於名詞之下可也。

譬之在職者、則主高遷、庶俗者、則主遇貴、商賈者、則主獲利、業農者、則主進業、僧道者則主加持、觀此、則知不可執於科名之顯而斷。

七九穿途、常遭冋祿之災。

師青曰：穿途者、穿其入宮之途也。先以宅星入中宮、次以流年太歲入中宮、若本宅或九紫遇流年之七赤、或七赤遇流年之九紫、同泊此宮、是謂穿途。如其方位又犯本年某月丙丁火星、一經修作衝動、則不免於火災。城市大村、以該市村中間爲中宮、論其方道、與一棟屋論間同也。地方遭火、如六白被離水太盛、七赤被乾兌水太盛、八白被艮水太盛、九紫被艮兌水太盛、無有不被囘祿者、不僅犯九紫七赤同宮、及丙丁火星相值爲然、惟逢七九穿透者爲尤甚耳。若謂九七同宮、其方宜空、見水可免、則不知水盛亦可爲災之義矣。沈氏謂玄空秘旨云午酉逢而江湖花酒、乃別有所指也、與此條意義無關。

二五交加而損主、亦且重病。

師青曰：交加者、以本宅入中宮、亦以流年太歲入中宮之謂也。如逢二黑五黃、同宮互見、宅主雖不佳其間、亦感耗損、若佳其間、則更不離茶鐺葯竈矣。

三七疊臨而盜刦、更見官刑。

師青曰：震兌同宮、一之爲甚、交臨疊至、其患益滋。蓋金主刑、木逢金、非刑卽折。三碧七赤、因爲九星中最惹是非者也。如本宅與流年相遇同宮、則在家者被盜見災、不在家者亦將因刲而興官訟、甚至罹禍無窮。此總言九星同宮、分別吉凶也。

蓋一白爲官星之慶、牙笏文章、四綠爲文章之祥、天輔太乙。還宮復位固佳、交互疊逢爲美。

師青曰：一爲官星、四爲文章、文章爲科第之階、仕宦因文章而顯。故四得一而交互疊逢爲美、一得四而還宮復位亦佳。但每年中八宅、一宅一向、不能多遇。一四同宮、亦只一宅一間耳。此條文義甚明、其論四一同宮之美、上下何等聯貫。沈註、若以復位為伏吟、主不利、雖逢四一、亦作不吉論、未免節外生枝、不喻斯旨矣。

是故三九、九六、六三、豈惟乾離震攀龍有慶。

師青曰：以下數節、均為四一同宮之論。三九乃三碧之年、九紫之宅；九六乃九紫之年、六白之宅、六三乃六白之年、三碧之宅。以三碧入中宮、乾間是四綠、旋以離宅之九紫入中宮、乾間是一白、故離宅乾間、為四一同宮。以九紫入中宮、離間是四綠、旋以乾宅之六白入中宮、離間是一白、故乾宅離間又為四一同宮。以六白入中宮、震間是四綠、旋以震宅三碧入中宮、震間是一白、故震宅震間亦為四一同宮、此言本宅八卦排其間也。
而二五八之間、亦可聾聲。
師青曰：此言中宮向上飛星、二五八當旺之局。所謂二者、橫論離宅第二間也、五者、橫論乾宅第五間；八者、橫論震宅第八間也。再申言之、三碧之年、第二間是四綠；九紫之宅、第二間是一白、此五間屋排五間論也。九紫之年、第五間是四綠；六白之宅、第五間是一白；此七間屋排五間論也。六白之年、第八間是四綠；三碧之宅、第八間是一白；此九間屋排第八間論也。凡此意義、灼然能明、沈註、反謂此三節、爲前人所未道破、何不思之甚也。又註攀龍有慶亦可蜚聲八字、恐非原文云云、則更見其讀書不求甚解、囫圇吞過、盖此兩節緊接上文而來、「是故」兩字、承上轉下、明白曉暢。上文既謂「復位固佳、疊逢亦美」、則下文之「有慶」「蜚聲」正相洎合也。

一七、七四、四一、豈但坤艮附鳳爲祥

師青曰：「一七」者、兌宅艮門樓也。「七四」者、巽宅坤門樓也。「四一」者、坎宅中宮也。「坤艮附鳳爲祥」者、言一白之年入中宮、四綠在艮、七赤之宅入中宮、一白在艮、則兌宅艮門樓、遇一白之年而爲祥、七赤之年入中宮、四綠在坤、四綠之宅入中宮、一白在坤、則巽宅坤門樓、遇七赤之年爲祥；四綠之年入中宮、四郎在中宮、一白之宅入中宮、一白郎在中宮、故坎宅之中宮、遇四綠之年、而附鳳可期。

而四七一之房、均堪振羽

師青曰：房者、臥房也。一白之年入中宮、第四位艮間是四綠、兌宅七赤入中宮、第四位艮間是一白、是爲兌之第四間、爲四一同宮。七赤之年入中宮、第七位坤間是四綠、四綠之宅入中宮、第七位坤間是一白、是爲巽之第七間、爲四一同宮。以四綠之年入中宮、而四綠卽在中宮、以坎宅一白入中宮、而一白卽在中宮、是爲坎之第一間、爲四一同宮、故曰「四」「七」「一」之房、均堪振羽、可得吉慶而受福。按沈氏所據本、上句爲「一七七四四一、但坤艮中附鳳爲祥」、與師青所據本比較、闕一「豈」字、以致意義迥殊。與下句「均」字、不能呼應關合。則上下不屬、詞意均不協矣。

八二、二五、五八、固在兌巽坎、登榮足賀。

師青曰：此論一四大勢、某年某方大利、非專指一宅而言。八白之年、二黑之山、與二黑之年、八白之山、一四均在兌方之宅、故曰「八二」。二黑之年、五黃之山、與五黃之年、二黑之山；與中宮排之、一四均在巽方之宅、故曰「二五」。五黃之年、八白之宅、與八白之年、五黃之宅、以中宮排之、則四一均在坎方之宅、故曰「五八」。凡此三者、同爲一四應運、均主有登榮之喜。

而三六九之屋、俱是榮顯。

師青曰：此就屋之層進而論、皆以四一同宮爲主。如三進屋就是現代新式樓宇之第三層、層數須從地庫計起、八白之年、一白在第三、二黑之山、四綠亦在第三、故第三層得四一同宮。六進屋即名六層、五黃之年、八白之山、第六層得四一同宮。九進屋即今之九層、五黃之年、二黑之山、故第九層得四一同宮。誠如是、其家必臻榮顯。

沈註、謂其原文、被後人改竄、沈氏未知何所據耶、不僅爲無根之談、且昧於一四同宮之義。不知原著發揮之基礎、其所論列、始終一貫、且常有驗、不必置議。

遇退煞以無嫌、逢生旺而益利、非獨運宅局可以參觀、

抑且年與運尤須並論。

師青曰：「退煞」、指上元乾兌艮離四卦、若遇四

一同宮之位、亦可平安吉利。「生旺」指下元乾兌

艮離四卦若遇四一同宮之位、當可亨通大利。「參

觀」、「並論」者、言宅局要合、流年吉照亦要合

、局旣合運、元運與年運亦要合、須多面以觀之意

也。凡此皆就一四同宮立說、而沈祖緜則以四一爲

誤、謂六運四運之艮寅山、二運之未山、皆到山到

向、八國雖有退殺、亦可無嫌、查八國二字與原文無關。

運有雙逢分大小、歲交加會辨三元。

師青曰：大運者、上元中元下元也。小運者、上元一運二運三運、中元四運五運六運、下元七運八運九運也。又如一元之運、分甲子、甲戌二十年、甲申、甲午二十年、甲辰、甲寅二十年、原有大小三元、各司其會。其中交加之歲、仍照大小司令、辨其三元之得令失令、遇生旺則興、遇死退則敗。此拙著樓宇寶鑑第二章鑰法經己詳矣。大小二運、皆是一白、或大小二運、皆是四綠、名曰雙逢。三元花甲、遞相交接。故上元甲子起坎、一白逆行、中元甲子起巽、四綠逆行、下元甲子起兌、七赤逆行、乃流年之小運、大小運同臨、卽謂雙逢、分大小也。

但住宅以局方爲主、層間以圖運爲君。

師青曰：凡論住宅、應先論其局與向之得令、次論其方之生旺有氣。如一白當令、卽將一白運中論山論水、如以運合、再得一白方居位、方運並合、必主大發、故以局方爲主。層間以圖運爲君。遇有相合者則發。如遇一層一間、一乃屬水、如遇五子運中、庚子十二年屬金、逢金爲生、遇甲子十二年屬水爲比和、皆爲旺運。主合家利。原文旣舉其總、又言其分、局方層間、昭然揭示、何等明白。沈註、却指爲誤、不應分而爲二、然則所謂「爲主」者、其爲衍文乎。

當考坤局兌流、左輔運臨、而科名獨盛。

師青曰：此言上元坤山艮向、艮水坐左輔、特朝出兌、合地二生火、天七成之之局。當甲辰甲寅二十年、左輔艮水爲震之催官、故曰科名獨盛。

艮山庚水、巨門運至、而甲第流芳。

師青曰：此言下元艮山坤向、坤水坐巨門出震、合天三生木、地八成之局。當甲子甲戌二十年、巨門坤水爲兌之催官、故曰甲第流芳。

下元癸卯、坎局之中宮發科。歲在壬寅、兌宅之六門入泮。

師青曰：前朝考試制度、稱鄉試舉人爲登科、稱縣試庠生爲遊泮。下元壬寅年流星五黃入中宮、六白在乾、兌宅七赤入中宮、六白在乾、則是年兌宅乾間、得三白合局、亦能入泮。科名有大小也。

故白衣求官、秀士請舉、推之各有其法。而下僚求陞、廢官思起、作之亦異其方。

師青曰：此總論四一同宮之驗也。求官重一白官星、求名重四綠文昌、其法其方、各各不同。如其間有四一同宮者、即擇其間居之、自可成名得官矣。學者須記得清楚、自然胸有成竹。

第以煞旺須求生旺、或小堆大塔、龍極旺宮加意。

師青曰：元運有時而變、煞運亦隨而易、故於煞旺生旺、最要審察。如以坎宅之生氣在巽、爲文昌吉方、小堆大塔、萬年不改、豈能泥守一方、故須加意以求其合之義也。

然而制煞不如化煞、或鐘樓鼓角、局山生旺施工。

師青曰：制煞不如化煞、制之有時亦凶、化之則能轉吉。如煞在震巽坤坎、則建屋栽樹以避之、避之卽化之也。若於其方作鐘樓鼓閣以鎮其煞、則煞愈盛而禍莫遏矣。故於局山中應審其生旺方施工、不宜於煞方施工、此爲相宅之要義、必須詳察。俗師以遊年之禍六絕五爲煞方、生天延爲吉方、如坎之吉在巽、用鐘樓鼓閣制乾兌坤艮之煞、或以宅主之年月日時、用水局化之、皆不通之論也。

若夫七赤爲先天之火數、九紫爲後天之火星、旺宮單遇、動始爲殃、煞處重逢、靜亦肆虐。或爲廉貞疊加、都天再臨、須分動靜、赤紫廉火維鈞。

師青曰：七赤九紫廉貞、同祿之山也。宅不宜配、然亦有動靜之不同、若旺宮單遇、不動亦無妨、倘逢煞方、雖靜亦難免於肆虐。苟五黃廉貞並至、又值都天加臨、則無倖免者矣。

是故乾亥方之水路、宜通不宜閉、通而閉之、登時作祟。右弼方之井池、可鑿不可塡、鑿者塡之、隨手生嗔。

師青曰：此言上元坎宅喜先天乾方有水也、路宜通而井宜鑿。

廟宇刷紅、在一白煞方、尚主瘟火。

師青曰：上元離方、照墻刷紅、其象屬火、是一白之煞方。一白屬水、本可制火、但在煞方、廟宇尤須注意、否則不免於瘟火矣。

樓台聳閣、當七赤旺地、豈免灾凶。

師青曰：下元七赤方、七赤乃先天火數、甲子甲戌二十年、七赤方不宜高聳樓閣、若遇五黃之年、難免火災之殃。

建鐘樓於煞地、不特亢旱常遭。造高塔於火宮、須知生旺難拘。

師青曰：煞地不宜鐘樓、火宮指離之方位也。然亦要七九交加之年、方有明驗。若離方高塔、造於下元之時、文明蔚起、若造於上元之期、則是煞方、不宜高塔、故曰生旺難拘矣。難拘者、不能執一而論也。

但逢二星、同七九到、必然萬室齊灰。

師青曰：此言本宅星與流年星、於七九之年、同到其方、則烈燄飛騰、爲禍必矣。

巽方庚子造高閣、坎艮二局盡燬、坤局之界無侵。

師青曰、上元庚子年、一白入中宮、九紫到巽、坎宅一白入中宮、九紫到巽。故巽方修造高樓、坎宅盡燬。上元坤宮、雖係庚子年七赤到宮、而無九紫同到、故無侵焉。

巽上丙午興傑閣、離兌巽中皆燒、艮在遠方可免。

師青曰：中元丙午、七赤入中宮、故中宮被火。九紫到兌、故兌亦被火。二黑到離、先天火數、離亦被火。巽本九紫火宮、此時造閣、必主火殃。艮得一白飛到、故遠可免。

須知明證、可以避禍。

師青曰：以上爲申明七九穿途句。

五黃正煞、不拘臨方到間、常損人口。二黑病符、無論小運流年、多生疾病。

師青曰：二黑五黃、乃惡土凶星、不宜至間到中。若至間到中、則不利甚矣。如公元一九六九年己酉、此年值中元、四綠入中、順數五黃在乾、若住在宅之西北乾位之房、則不利、此年二黑在震、若住在宅之正東震位之房、則亦不利。若值修動、愈見疾病。

五主孕婦受災、黃遇黑時出寡婦。二主宅母多病患、黑遇黃至出鰥夫。

師青曰：五黃陽土、二黑陰土、均主肚腹、故孕婦應災。黃土加黑土、是陰壓陽也、故出寡婦。黑土加黃土、是陽壓陰也、故出鰥夫。但從宅星入中宮、流年星入中宮、查其是否同到。若二五均在煞方、與所住之人相尅、其驗更著。僅有五而無二、則不妨矣。

運如已退、廉貞逢處災非一、總是避之爲良。

師青曰：如吉運已退、逢五黃到間、又與本命相尅、急宜趨避防災。

運若未交、巨門交會病方深、必然遷之始吉。

師青曰：巨門交會者、二黑巨門同在二宮也。若吉運未交、仍在二黑之宮、雖巨門爲吉星、究以土尅水命而見凶、宜擇吉處遷避始吉。此申明以上二五交加句。

夫蚩尤碧色、好勇鬬狠之神。破軍赤名、肅殺劍鋒之象。

師青曰：此言三碧七赤二星有凶煞之性也。

是以交劍煞興多刦掠。鬬牛煞起惹官刑。

師青曰：交劍煞者、七赤破軍、遇六白、武曲見乾金交戰也。鬬牛煞者、三碧凶惡之星、遇坤艮木尅土、故因爭鬬興訟而遭官刑。七逢三到生財、豈識財多被盗。三遇七臨生病、那知病愈遭官。

師青曰：我尅者爲財、但七赤是賊星、宮星七赤金、遇流年三碧木、金尅木爲財、故雖得財而被盗刦。三碧形成戰鬬、宮星三碧木、遇流年七赤金、兩相尅害、故主多病、病愈亦遭官刑、亦鬬牛殺也。運至何慮穿心、然而煞星遇旺、終遭刦賊。身強不畏反吟、但因坐神一去、遂罹官災。

師青曰：此爲申明三七疊逢之句。蓋屋局雖吉、而流年煞星、同太歲諸般會臨、是爲穿心煞、刦賊之禍、終難避免。如屋局七赤當令、遇生旺之運、則不畏三碧加臨矣。而流年吉神之助神不到、凶星別有加臨、是爲反吟、仍難免於官災也。

要知息刑弭盜、何須局外搜求。欲識病愈延年、全在星中討論。

師青曰：此爲總提吉凶俱在星局之結論。大凡盜刦病患、及一切灾害、固由宅局之不善、而二五交加、三七疊臨、九七穿途等凶、關於年星者尤重。若為四一同宮、則家道興隆、後昆秀發、皆趨於吉。

流年禍福、不外於元運禍福者明矣。斷間之法、卽在於此。

更言武曲青龍、喜逢左輔善曜。

師青曰：武曲六白、乾金也、左輔八白艮土也、如宮星坐金星、喜流年艮土星以生其宮也。

六八主武科發迹、不外韜略榮身。

師青曰：如宮星武曲、遇流年左輔、謂之星生宮、故主武。

八六文士參軍、或則異途擢用。

師青曰：如宮星左輔、遇流年武曲、謂之宮生星、主文人任武職、或擢用出於異途。

旺生一遇爲亨、死退雙臨不利。

師青曰：旺星生星、或六或八、若得一星到宮、生宮足矣。死者退者、剋害之星也、在局上旣爲死爲退、雖遇六遇八、雙臨亦凶。他本有作死退雙臨乃佳者、死退安得佳耶。

九紫雖司喜氣、然六會九、而長房血症、七九之會尤凶。

師青曰：九紫爲生子之星、但因宮星是六白金、流年遇九紫、火來尅金、乾金六白也、乾爲老父、應主長男血證、若不逢九紫、而逢七赤、亦與六會九同患。按七赤兌金也。兌爲少女、乃屬破軍惡曜、一遇九紫火、來尅兌金、故尤凶也。

四綠固號文昌、然八會四而小口損傷、三八之逢更惡。

師青曰：宮星八白屬艮、艮爲少男、流年值四綠、木來尅土、故聰明之子有損。三碧祿存、乃凶惡之星。比四綠文曲水性更猛、故聰明之子、一病莫救。沈註、徒爲曲解、何不思之甚也。

八逢紫曜、婚喜重來。

師青曰：八逢紫曜、爲八白宮星、遇九紫流年星、以火生土、離爲中女、艮爲少男、宮星並旺、不是婚喜、便主生子、二者必居其一。

六遇艮星、可以尊榮不次。

師青曰：宮星六白、爲吉曜、得流年八白左輔善曜、金遇土生、相得益彰、故主晉陞不次之尊榮、而百事咸昌者也。

如遇會合之道、盡同一四之驗。

師青曰：紫白賦以一四同宮爲綱領、凡所議論、不離其宗。宮星兩善、則以一四同宮爲斷、必有奇驗、此承上六八言、喜其相生也。沈註、謂此篇拘於一四同宮立論、疑原文爲後人竄改、又疑一四兩字爲山水之誤、其於本賦宗旨、顯見尚有隔閡。若以一四爲拘、改論山水獨不拘乎。

若欲嗣續、惟取生神加紫白。至論帑藏、尤看旺氣與飛星。

師青曰：流年星生本宅星、如宅星八白、流年星九紫、以火生土、是爲生神、主發丁。若飛來之星、皆紫白吉曜、得其旺氣、主發大財。

二黑飛乾、逢八白而財源大進、遇九紫而螽斯蟄蟄。

師青曰：坎宅一白入中宮、飛二黑到乾、遇流年七赤入中宮、飛八白到乾、替星九紫到乾、則住乾間者、是年不惟大有之年、且可獲螽斯之慶。

三碧臨庚、逢一白而丁口頻添、交二黑而青蚨闐闐。

師青曰：坎宅一白入中宮、飛三碧到兌、逢流年八白入中宮、飛一白到兌、則添丁有喜。交流年二黑入中宮、飛四綠到兌、會三碧爲旺氣、焉得不獲大財耶。

先旺丁、後旺財、於中可見。先旺財、後旺丁、於理易詳。

師青曰：丁財之旺、有先有後者、憑於流星。如生星先到、旺星後到、則先發丁而後旺財。如旺星先到、生星後到、則先旺財而後發丁。其理易詳。何有天機不可洩漏之拘、沈註云云、洵如術士慣用口吻矣。

又上言「三碧臨庚」者、言兌金得三碧木、我尅他爲財、得一白水運生木卽添丁。交二黑者、流年二黑入中、言我旣以金尅木爲財、茲又四綠會三碧、則主發財、但另有辨別者、不是二黑要臨庚上、必以四綠之年入中、二黑到震亦是也。。沈註「三碧臨庚」謂庚字誤、當作巽字、如以上理推詳、可知庚字不誤、所誤者沈註耳。

木間逢一白爲生、八白同臨、而添丁不育。

師青曰：震宅以三碧入中宮、飛一白到震、可云生子之星。奈因替星是八白到坎、致水被土尅、則水不生木、而生我者又復爲後來所制、故生而不育也。

火層遇木運得財、水局年來、而官災不免。

師青曰：火層者、屋之第二層也、木運者、五子之木運也、木火相生、故主得財。一運十二年、水年剋火、故有官灾之事、不得與水生木、木生火並論。上兩條、據古本攷正、語既簡明、義亦流暢。沈本合併爲一條、又增添文句、反爲贅疣、而以生剋之爲非、誤矣。

但方曜宜配局配山、更配層星乃吉。

師青曰：此言配合層星、與配局配山並重。如艮山坤向、乃土局土山也、宜分作兩層、以火生土也。若土局而作三層、則木剋土矣。是故配局配山、雖爲方曜之善、仍待層星濟美、始爲貞吉之全。

間星必合山合層、尤合方位生光。

師青曰：此言間也、山也、層也、必須配合得宜、乃成吉宅。

蓋在方論方、原有星宮生尅之用、復配以山之生死、局之衰旺、層之退煞何如、而方曜之得失始見。

師青曰：此爲總結相宅之大旨。方位之吉凶、宮星之生尅、山向之得令失令、層進有煞無煞、層之退煞如何、則爲相宅必須明辨、孰得孰失、自有準確。倘闕其一、未爲全美。

就間論間、固有河洛配合之妙、再合以層之高低、山之父子、局之財官奚若、而間星之制化聿彰。

師青曰、此爲總結論間之大旨。論間之法、先要查明其間是否合於八卦陰陽、次看其層進高低之孰吉孰凶、又查其本山本局之子父財官合與不合、而後再查本年流年星之或生或尅。倘其間有不合之門路、亦須詳審。能如是、始知所以制化、造一屋如此、改一門樓亦如此。夫制化者、正在河圖洛書之配合、圖書並舉、互用可知矣。乃沈註但云河圖、又謂「不必如此拘泥」、顯見其爲削足適履、以圖自圓其曲解、實未審耳。

又此數節中、於層之配合、屢屢言之、可知其與配局配山並重。理之所在、顛撲不破、固非沈氏所能一筆抹煞者也。

論方者以局、零神朝揖、門路合度、詳其內外維均、而富貴可許。

師青曰：局者、當令之局也、言局與令之皆合也。

論間者以運、年星疊至、星來生宮、徵其旺氣不失、而福祿永貞。

師青曰：運者、三元之運也、言局與運之皆合也。

如八卦乾位屬金、九星則八白爲土、此號宮星之善。

師青曰：乾金遇八白、土生金爲生方。

入三層、則木來尅土而少財。

師青曰：第三層屬木、則八白雖至乾金、而因三層之木、制於八白之土、不生乾金、故云少財。

入兌局、則星來生宮而人興。

師青曰：八白土入兌宅、則宮得星生、故人興。

更逢九紫入木土之元、斯爲得運、而財丁並茂、兼主科名。

師青曰：九紫屬火、元運值木、得木生九紫火、是運生星、元運屬土、逢九紫火生土、是星生運、所以丁財並旺而又發科也。

如河圖四間屬金、洛書四綠屬木、此圖尅書之局、入兌方、則文昌被尅而出孤。

師青曰：四綠木是文昌之星、入兌方而被金尅、故雖有聰明之子、多被尅損。

入坤局、則土重埋金而出寡。

師青曰：坤局四間、屬金雖好、惜坤土重而兌金薄、易被埋沒、故少婦有寡居之患。

若以一層入坎震之鄉、始爲得氣、而科甲傳名、亦增丁口。

師青曰：一層屬水、故坎方見水爲旺、在震方水生木爲生、層方互爲生旺、方爲得氣、發丁發貴、理所當然。

局爲體、山爲用。山爲體、運爲用。體用一元、天地動靜。

師青曰：本段爲全賦之總結、作者將其重點、作扼要之叙述、學者應熟加體味。此節言立宅之道、要使本山本局與氣運合於一元、體用兼備、則天地動靜可以操之於掌矣。沈註「以局爲體、以運爲用、山向爲用中之用」、指此不合、而忘其前此所註：「運之得失、全在山向」、則正以山爲體、以運爲用也。

山爲君、層爲臣。層爲君、間爲臣。君臣合德、鬼神咸欽。

師青曰：此言一宅之中、層間要合法度、使其如君臣之間、雖有尊卑之別、而能魚水相依、則一德同心、家道可以興隆。按山局氣運屬於自然、層間制作屬於人事、欲以人事配合自然、則相宅之道是尙。如坎卦、以一白入中順佈、觀其生旺退殺、佈至六事、其房床井灶俱合本山之生旺、河圖之層數、相生相旺、尅殺俱避、則謂君臣合德也。

局雖交運、而關八方之六事、亦懼戊已廉貞疊加。

師青曰：此言八方均忌黃黑也、若值黃黑上之位。居六事井灶等項。雖本局得元、而修動之中、亦怕動起諸煞、故修作最宜謹愼。

山雖逢元、而死退方之惡煞、猶恐災罹天罡加臨。

師青曰：災罹、卽年之太歲。天罡、辰戌丑未也。本山雖在運中、而煞方又值當年太歲、諸凶降臨、煞上加煞矣。故修作之時、應避免五黃戊己都天之類。

蓋吉凶原由星判、而隆替實本運分。局運興、屋運敗、可從局論。山運敗、局運興、休以山憑。

師青曰：此論山局並重、局運興、水神當令也。屋運敗、不當元運也。此楊公救貧之法、專以局山並重者也。

發明星運之用、啓廸後起之賢、神而明之、存乎其人矣。

師青曰：此爲紫白賦篇末之言、示意讀者、必須學思並用、庶能不罔不殆、明其妙運。盖規矩可以示人、不能使人巧、若欲深入義理之微、推陳出新、知所通變、則繫於其人之愼思敏求。凡學皆然、固不止於此也。拙著樓宇寶鑑、遠溯本源、臚陳各法、於相宅之學、雖不敢詡爲權威、而一編在手、使人明古通今、自能相宅、其中體用、確有獨步之處。茲將紫白賦之紛歧、逐一加釋辨正、舉枉措直、蓋亦示人規矩之意、以免受曲解者之所惑。附錄書後、俾與拙著參證、相互發明、固不失爲明古通今之一助也。

樓宇寶鑑（全）

古天文學家　吳師青先生著

香港山脈形勢論

（一九六四年一月出版）

香港中天貿易公司出版
香港郵政總局信箱一六〇一三號

一九七〇年六月再版（第二版）

樓宇寶鑑

著作者　吳師青
出版者：中天貿易公司
發行者：中天貿易公司
香港郵政總局信箱一六〇一三號
印刷者：東南印務社

占筮類			
1	擲地金聲搜精秘訣	心一堂編	沈氏研易樓藏稀見易占秘鈔本
2	卜易拆字秘傳百日通	心一堂編	
3	易占陽宅六十四卦秘斷	心一堂編	火珠林占陽宅風水秘鈔本
星命類			
4	斗數宣微	【民國】王裁珊	民初最重要斗數著述之一；未刪改本
5	斗數觀測錄	【民國】王裁珊	失傳民初斗數重要著作
6	《地星會源》《斗數綱要》合刊	心一堂編	失傳的第三種飛星斗數
7	《斗數秘鈔》《紫微斗數之捷徑》合刊	心一堂編	珍稀「紫微斗數」舊鈔秘本
8	斗數演例	心一堂編	
9	紫微斗數全書（清初刻原本）	題【宋】陳希夷	斗數全書本來面目；有別於錯誤極多的坊本
10-12	鐵板神數（清刻足本）——附秘鈔密碼表	題【宋】邵雍	無錯漏原版秘鈔密碼表 首次公開！
13-15	蠢子數纏度	題【宋】邵雍	蠢子數連密碼表打破數百年秘傳 首次公開！
16-19	皇極數	題【宋】邵雍	清鈔孤本附起例及完整密碼表 研究神數必讀！
20-21	邵夫子先天神數	題【宋】邵雍	附手鈔密碼表 研究神數必讀！
22	八刻分經定數（密碼表）	題【宋】邵雍	皇極數另一版本；附手鈔密碼表
23	新命理探原	【民國】袁樹珊	子平命理必讀教科書！
24-25	袁氏命譜	【民國】袁樹珊	
26	韋氏命學講義	【民國】韋千里	民初二大命理家南袁北韋
27	千里命稿	【民國】韋千里	
28	精選命理約言	【民國】韋千里	北韋之命理經典
29	滴天髓闡微——附李雨田命理初學捷徑	【民國】袁樹珊、李雨田	命理經典未刪改足本
30	段氏白話命學綱要	【民國】段方	民初命理經典最淺白易懂
31	命理用神精華	【民國】王心田	學命理者之寶鏡

編號	書名	作者	備註
32	命學探驪集	【民國】張巢雲	發前人所未發
33	澹園命談	【民國】高澹園	
34	算命一讀通——鴻福齊天	【民國】不空居士、覺先居士合纂	稀見民初子平命理著作
35	子平玄理	【民國】施惕君	
36	星命風水秘傳百日通	心一堂編	
37	命理大四字金前定	題【晉】鬼谷子王詡	源自元代算命術
38	命理斷語義理源深	心一堂編	稀見清代批命斷語及活套
39-40	文武星案	【明】陸位	失傳四百年《張果星宗》姊妹篇　千多星盤命例　研究命學必備
相術類			
41	新相人學講義	【民國】楊叔和	失傳民初白話文相術書
42	手相學淺說	【民國】黃龍	民初中西結合手相學經典
43	大清相法	心一堂編	重現失傳經典相書
44	相法易知	心一堂編	
45	相法秘傳百日通	心一堂編	
堪輿類			
46	靈城精義箋	【清】沈竹礽	沈氏玄空遺珍　玄空風水必讀
47	地理辨正抉要	【清】沈竹礽	
48	《玄空古義四種通釋》《地理疑義答問》合刊	沈瓞民	
49	《沈氏玄空吹虀室雜存》《玄空捷訣》合刊	【民國】申聽禪	
50	漢鏡齋堪輿小識	【民國】查國珍、沈瓞民	失傳已久的無常派玄空經典
51	堪輿一覽	【清】孫竹田	
52	章仲山挨星秘訣（修定版）	【清】章仲山	章仲山無常派玄空珍秘　門內秘本首次公開
53	臨穴指南	【清】章仲山	
54	章仲山宅案附無常派玄空秘要	心一堂編	沈竹礽等大師尋覓一生未得之珍本！
55	地理辨正補	【清】朱小鶴	玄空六派蘇州派代表作
56	陽宅覺元氏新書	【清】元祝垚	簡易・有效・神驗之玄空陽宅法
57	地學鐵骨秘　附　吳師青藏命理大易數	【民國】吳師青	釋玄空廣東派地學之秘
58-61	四秘全書十二種（清刻原本）	【清】尹一勺	玄空湘楚派經典本來面目　有別於錯誤極多的坊本

62	地理辨正補註 附 元空秘旨 天元五歌 玄空精髓 心法秘訣等數種合刊	【民國】胡仲言	貫通易理、巒頭、三元、三合、天星、中醫
63	地理辨正自解	【清】李思白	公開玄空家「分率尺、工部尺、量天尺」之秘
64	許氏地理辨正釋義	【民國】許錦灝	民國易學名家黃元炳力薦
65	地理辨正天玉經內傳要訣圖解	【清】程懷榮	秘訣一語道破，圖文并茂
66	謝氏地理書	【民國】謝復	玄空體用兼備、深入淺出
67	論山水元運易理斷驗、三元氣運說附紫白訣等五種合刊	【宋】吳景鸞等	失傳古本《玄空秘旨》《紫白訣》
68	星卦奧義圖訣	【清】施安仁	三元玄空門內秘笈 清鈔孤本 過去均為必須守秘不能公開秘密 與今天流行飛星法不同
69	三元地學秘傳	【清】何文源	
70	三元玄空挨星四十八局圖說	心一堂編	
71	三元挨星秘訣仙傳	心一堂編	
72	三元地理正傳	心一堂編	
73	三元天心正運	心一堂編	
74	元空紫白陽宅秘旨	心一堂編	
75	玄空挨星秘圖 附 堪輿指迷	心一堂編	
76	姚氏地理辨正圖說 附 地理九星并挨星真訣全圖 秘傳河圖精義等數種合刊	【清】姚文田等	蓮池心法 玄空六法 門內秘鈔本首次公開
77	元空法鑑批點本——附 法鑑口授訣要、秘傳玄空三鑑奧義匯鈔 合刊	【清】曾懷玉等	
78	元空法鑑心法	【清】曾懷玉等	
79	曾懷玉增批蔣徒傳天玉經補註【新修訂版原（彩）色本】	【清】項木林、曾懷玉	
80	地理學新義	【民國】俞仁宇撰	揭開連城派風水之秘
81	地理辨正揭隱（足本） 附連城派秘鈔口訣	【民國】王邀達	
82	趙連城傳地理秘訣附雪庵和尚字字金	【明】趙連城	
83	趙連城秘傳楊公地理真訣	【明】趙連城	
84	地理法門全書	仗溪子、芝罘子	巒頭風水，內容簡核、深入淺出
85	地理方外別傳	【清】熙齋上人	巒頭形勢、「望氣」「鑑神」
86	地理輯要	【清】余鵬	集地理經典之精要
87	地理秘珍	【清】錫九氏	巒頭、三合天星，圖文並茂
88	《羅經舉要》附《附三合天機秘訣》	【清】賈長吉	清鈔孤本羅經、三合訣法圖解
89-90	嚴陵張九儀增釋地理琢玉斧巒	【清】張九儀	清初三合風水名家張九儀經典清刻原本！

91	地學形勢摘要	心一堂編	形家秘鈔珍本
92	《平洋地理入門》《巒頭圖解》合刊	【清】盧崇台	平洋水法、形家秘本
93	《鑒水極玄經》《秘授水法》合刊	【唐】司馬頭陀、【清】鮑湘襟	千古之秘，不可妄傳匪人
94	平洋地理闡秘	心一堂編	雲間三元平洋形法秘鈔珍本
95	地經圖說	【清】余九皋	形勢理氣、精繪圖文
96	司馬頭陀地鉗	【唐】司馬頭陀	流傳極稀《地鉗》
97	欽天監地理醒世切要辨論	【清】欽天監	公開清代皇室御用風水真本
三式類			
98－99	大六壬尋源二種	【清】張純照	六壬入門、占課指南
100	六壬教科六壬鑰	【民國】蔣問天	由淺入深，首尾悉備
101	壬課總訣	心一堂編	過去術家不外傳的珍稀六壬術秘鈔本
102	六壬秘斷	心一堂編	
103	大六壬類闡	心一堂編	
104	六壬秘笈——韋千里占卜講義	【民國】韋千里	六壬入門必備
105	壬學述古	【民國】曹仁麟	依法占之，「無不神驗」
106	奇門揭要	心一堂編	集「法奇門」、「術奇門」精要
107	奇門行軍要略	【清】劉文瀾	條理清晰、簡明易用
108	奇門大宗直旨	劉毗	天下孤本　首次公開　虛白廬藏本《秘藏遁甲天機》　奇門不傳之秘　應驗如神
109	奇門三奇干支神應	馮繼明	
110	奇門仙機	題【漢】張子房	
111	奇門心法秘纂	題【漢】韓信（淮陰侯）	
112	奇門廬中闡秘	題【三國】諸葛武侯註	
選擇類			
113－114	儀度六壬選日要訣	【清】張九儀	清初三合風水名家張九儀擇日秘傳
115	天元選擇辨正	【清】一園主人	釋蔣大鴻天元選擇法
其他類			
116	述卜筮星相學	【民國】袁樹珊	民初二大命理家南袁北韋
117－120	中國歷代卜人傳	【民國】袁樹珊	南袁之術數經典